Paul Cézanne

Paul Cézanne

DUMONT

Inhalt

Hinweis

Diese Reihe stellt das Leben und die Werke der Künstler im kulturellen, sozialen und politischen Kontext ihrer Zeit vor. Um dem Leser die Benutzung zu erleichtern, ist jeder Band in drei Themenbereiche unterteilt, die anhand der seitlichen Streifen unterschiedlicher Farbe schnell zu finden sind. Die gelb markierten Seiten sind Leben und Werk des Künstlers gewidmet, Blau steht für die Behandlung des historischen und kulturellen Hintergrunds und Rosa für die eingehende Betrachtung der Hauptwerke des Künstlers. Jede Doppelseite vertieft ein bestimmtes Thema mit einem einführenden Text und verschiedenen kommentierten Illustrationen. So kann der Leser selbst entscheiden, ob er alle Kapitel der Reihe nach lesen oder lieber einzelne Bereiche herausgreifen möchte. Das Buch wird vervollständigt durch ein Verzeichnis der Orte, an denen die abgebildeten Werke des Künstlers zu finden sind, und ein Verzeichnis mit kurzen Erläuterungen zu den wichtigsten im Text genannten Personen.

■ Seite 2: Cézanne, *Selbstbildnis vor blaßrosa Hintergrund*, um 1875, Paris, Privatsammlung.

1839–1870

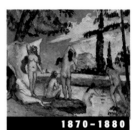

1870–1880

1880–1890
Meisterjahre

1890–1906
Kegel, Zylinder und Kugel

Anhang

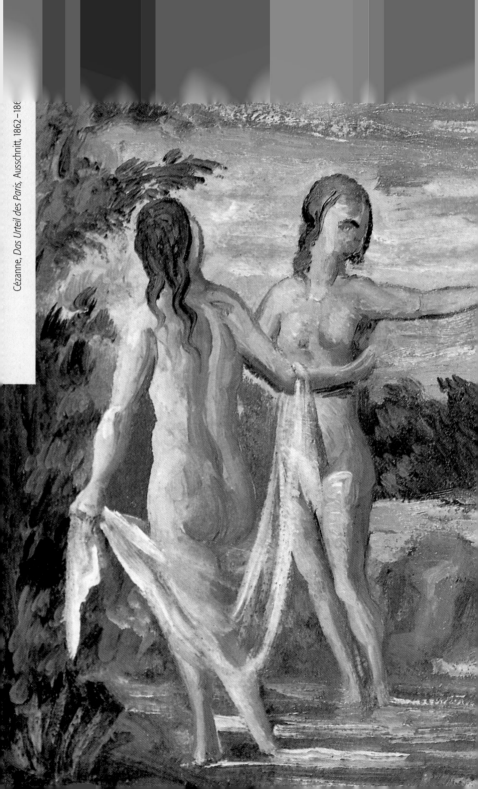

1839–1870

Die Jugend
in Aix-en-Provence

Paul Cézanne wird am 19. Januar 1839 im damals noch dörflichen Aix-en-Provence in Südfrankreich geboren. Die Familie des Vaters stammt wohl aus Italien, möglicherweise aus Cesena in der Romagna, wie Cézannes Biograph und Sammler, Ambroise Vollard, behauptet. Ganz sicher ist sie aber schon zu Beginn des 18. Jahrhunderts in Aix ansässig. Die Textilindustrie ist hier ein wichtiger Gewerbezweig, und Cézannes Vater Louis-Auguste betreibt zunächst einen florierenden Handel mit Filzhüten. Er erwirbt sich damit ein großes Vermögen und gründet 1848 die »Banque Cézanne et Cabassol«. Paul verbringt seine Kindheit zusammen mit seinen beiden Schwestern und den Eltern in Aix. Er besucht zunächst die Grundschule seines Viertels und wechselt 1852 an das Collège Bourbon. Seine Erziehung ist vom Wohlstand des bürgerlichen Umfelds geprägt. Louis-Auguste ist sicherlich ein guter Vater, doch setzt er seine ganze Autorität ein, um zu verhindern, daß der Sohn, der sich seiner Berufung immer bewußter wird, eine künstlerische Laufbahn einschlägt. Die Familie ist wirtschaftlich abgesichert, so daß Cézanne Zeit seines Lebens nicht auf den Verkauf seiner Bilder angewiesen sein wird.

◪ In Cézannes Jugend war Aix-en-Provence eine kleine, vom Fortschritt eher unberührte Stadt in Südfrankreich. Die Zeit schien schon seit langem stillzustehen, und das Leben verlief friedlich und gelassen. Selbst die Jahreszeiten folgten dem gleichen, ruhigen Rhythmus.

◪ Marie Cézanne, um 1861. Cézannes Schwester wurde vom Vater bevorzugt, der ihre Ruhe und Gelassenheit mochte. Paul dagegen war der Liebling seiner Mutter, die ihm immer wieder Mut zur Malerei machte.

◀ Louis-Auguste Cézanne. Die bescheidenen Anfänge, seine Heirat mit einer Arbeiterin und darüber hinaus die uneheliche Geburt seiner beiden ersten Kinder waren Grund genug für die Gesellschaft in Aix, sich von ihm zu distanzieren. Dies hatte einen großen Einfluß auf den stolzen und sensiblen Paul, der sich immer mehr verschloß.

 François-Marius Granet, *Rom: Konstantinsbasilika, Titusbogen und Santa Francesca Romana,* um 1820, Aix-en-Provence, Musée Granet. Der Maler aus Aix, ein Freund von Ingres, vermachte sein Vermögen und seine Sammlung dem Museum seiner Geburtsstadt. Cézanne kannte zweifelsohne die freien, in lockerer Pinselführung gemalten Veduten, die Granet in Italien geschaffen hatte.

 Cézanne, *Kastanienbäume und Landgut Jas de Bouffan,* um 1884, Pasadena, Norton Simon Art Foundation. 1859 kaufte Cézannes Vater ein Landhaus für den Sommer, Le Jas de Bouffan (provenzalisch: »Reich der Winde«). Paul stellte das große Haus, die Kastanienallee, den Brunnen mit dem Delphin, die steinernen Löwen und die gemauerte Umfriedung auf vielen Bildern dar.

1839–1870

Interieur mit zwei Frauen und Kind

Dieses um 1860 entstandene Bild (heute im Puschkin-Museum in Moskau) spiegelt die Maltechnik wider, die Cézanne bei seinen Studien in Aix erlernte. Das Thema entstammt vielleicht den Frauenzeitschriften seiner Schwestern.

◤ Bei der hier benutzten Technik werden mit einem großen runden Haarpinsel auf eine dunkel grundierte Leinwand Farbtöne aufgetragen, die vom Hellen zum Dunklen übergehen. In den düsteren Tönen zeigt sich die innere Ruhelosigkeit des Künstlers schon in seinen Anfängen.

◥ Cézanne verwendet offensichtlich nur wenige Farben, da die Asphaltgrundierung die Farbtöne dämpft. Die drei Grundfarben rot, blau und gelb sind jedoch im Kleid des Kindes, in der Weste und im Rock der Frau gut zu erkennen. Auch wenn es sich hier vermutlich um ein Motiv aus einer Zeitschrift handelt, versteht Cézanne es doch, eine gewisse Dramatik einzubringen.

◤ Cézanne hat für dieses und andere Jugendwerke einen Spachtel und große runde Pinsel benutzt. Der Gebrauch dieser Pinsel zwang ihn dazu, die Komposition großflächig zu gliedern, wodurch sich notwendigerweise eine formale Reduktion ergibt.

11

Der Aufstieg Napoleons III.

☑ Napoleon III. auf dem Schlachtfeld von Sedan. Mit Einverständnis des Heeres, des Klerus, des Bürgertums und der Bauern ließ sich der als Präsident der Zweiten Republik gewählte Louis Napoleon 1852 zum Kaiser proklamieren.

Mit den Revolutionen von 1789 und 1830 hat sich der Blick der Revolutionsbewegungen aus ganz Europa nach Frankreich gewendet. In der Folge des Februar-Aufstands von 1848 kommt es auch zu Volksaufständen in Deutschland und Österreich und einer Erhebung gegen die Bourbonen-Monarchie in Italien. In Frankreich erzwingt die von Republikanern und Sozialisten angeführte Opposition die Abdankung des »Bürgerkönigs« Louis Philippe am 28. Februar 1848. Nach Ausrufung der Republik gelingt es der provisorischen Regierung jedoch nicht, die verheerenden sozialen Mißstände unter der rasch anwachsenden Arbeiterschaft zu beseitigen. Trotz der Einführung des allgemeinen Wahlrechts für Männer setzen sich die konservativen Kräfte gegenüber jenem Teil der Pariser Bevölkerung durch, der das Ideal einer Republik auf der Basis einer gerechten Verteilung von Arbeit und Lohn verteidigt. Nach einer Zeit des Aufruhrs und der inneren Wirren versucht das Bürgertum, die Ordnung wiederherzustellen: Bei den Wahlen vom 10. Dezember 1848 wird der Neffe Napoleons I., Louis Bonaparte, zum Präsidenten der Zweiten Republik gewählt. Er stützt sich dabei hauptsächlich auf die Konservativen, die Gemäßigten und die Bauern, die seinen großen Vorgänger noch in guter Erinnerung haben.

◄ Der Deutsch-Französische Krieg. Außenpolitisch setzte sich Napoleon III. das Ziel, Frankreich wieder eine führende Stellung wie zu Zeiten Napoleons I. zu verschaffen. Der Krieg gegen Preußen und seine verbündeten deutschen Staaten führte zum Ende des Zweiten Kaiserreichs, zur Pariser Kommune und in der Folge zum Bürgerkrieg.

◤ Giuseppe de Nittis, *Boulevard Haussmann*, Mailand, Privatsammlung. Napoleon III. trieb die wirtschaftliche und industrielle Entwicklung voran und befriedigte das Bedürfnis der prosperierenden Bürgerschicht nach Repräsentation und Prachtentfaltung.

◢ Hippolyte Flandrin, *Bildnis Napoleon III.*, 1862, Musée National du Château de Versailles. Die links im Bild zu sehende Büste Napoleons I. unterstreicht den Willen, dessen glorreiche Tradition fortzusetzen und den Franzosen den Stolz einer Großmacht zurückzugeben.

Der Traum vom Malen

Nach dem bestandenen Schulabschluß beugt sich Cézanne dem Willen des Vaters und schreibt sich an der juristischen Fakultät der Universität von Aix ein. Die Rechtswissenschaften fesseln ihn jedoch gar nicht, und seine Briefe aus dieser Zeit sind voll bitterer Anspielungen. Cézanne bringt für das Studium nur die absolut notwendige Zeit auf, um sich so viel wie möglich der Malerei und Schriftstellerei widmen zu können. Die Malerei zieht ihn immer mehr in ihren Bann, und ganz allmählich wird Paul klar, daß hier seine wahre Berufung liegt. Er beschließt daher, parallel zum Jurastudium Zeichenunterricht zu nehmen. Er malt nicht nur Aktmodelle in Öl, wobei er Maße und Proportionen genau wiedergibt, sondern nimmt auch Unterricht in akademischem Zeichnen. Naturstudien werden an der Schule in Aix allerdings nicht betrieben, obwohl das Museum der Stadt 1849 eine hervorragende Bildersammlung von François-Marius Granet erhalten hat. Diese umfaßt auch eine große Anzahl von Aquarellen, die von einer derart raffinierten Freiheit in der Ausführung sind, daß sie den jungen Cézanne ganz gewiß nicht unbeeinflußt gelassen haben.

◀ Cézanne, *Männlicher Akt,* 1862, Aix-en-Provence, Musée Granet. Diese Zeichnung entstand an der Zeichenschule von Aix. In ihr spiegeln sich Pauls großes Können im akademischen Zeichnen und die feine Hand des Künstlers wider.

▶ Cézanne, *Männlicher Akt,* um 1865, Cambridge, Fitzwilliam Museum. Diese an der Académie Suisse in Paris entstandene Zeichnung offenbart bereits eine entschiedene Persönlichkeit. Der kompakte Körper mit den betonten Muskeln entspricht nicht mehr den akademischen Normen von Harmonie und Grazie, wie sie in Aix gelehrt wurden.

◄ Cézanne, *Frühling,* 1860–62, Paris, Musée du Petit Palais. Die Wandpaneele der *Jahreszeiten* hingen im Eingangsbereich des Jas de Bouffan, dem Landhaus der Cézannes. Diese ersten Gemälde des jungen Künstlers scheinen sich an Werken der Renaissance zu orientieren.

◪ Tuscheskizzen von Cézanne in einem Notizheft für den Unterricht an der juristischen Fakultät, um 1859. Am 7. Dezember 1858 schrieb Cézanne an seinen Freund Emile Zola: »Ich wählte, weh!, des Rechtes dornenreichen Pfad. Ich wählte – falsches Wort: ich war zur Wahl gezwungen! Das Recht, das grause Recht, weitschweifig-wirr verschlungen, hält nun drei Jahre Schreckensdasein mir parat!«

► Cézanne, *Herbst,* 1860–62, Paris, Musée du Petit Palais. Die scharf konturierte Zeichnung und die unverhältnismäßig langen Unterarme erklären die ironische Signatur »Ingres«, dessen Kunstauffassung den akademischen Kursen zugrunde lag.

15

Bildnis Louis-Auguste Cézanne

Dieses Bild zeigt Cézannes Vater ironischerweise beim Lesen der Tageszeitung »L'Evénement«, die er wegen ihrer liberalen Ideen verabscheute. Gegen die künstlerische Berufung seines Sohnes hatte Louis-Auguste sich lange gesträubt, immerhin saß er ihm hier jedoch Modell. Das Bild von 1866 hängt heute in der National Gallery of Art in Washington.

◣ Die Kompositions-
linien verlaufen vertikal,
von den Beinen und
den großen Schuhen bis
hinauf zu dem kleinen
Stilleben rechts, das teil-
weise vom »Thron« des
Vaters verdeckt wird.
Dieses Detail gibt ein von
Cézanne im selben Jahr
gemaltes Bild, *Zucker-
dose, Birnen und blaue
Tasse,* wieder.

◢ Cézanne, *Zuckerdose,
Birnen und blaue Tasse,*
1866, Aix-en-Provence,
Musée Granet. Die Farbe
ist mit dem Spachtel auf-
getragen; dicke und un-
regelmäßige Pinselstriche
gestalten die recht will-
kürlich angeordnet wir-
kenden Früchte und das
Porzellan. Weiß, Schwarz
und Braun sind großzü-
gig aufgetragen und ver-
schmelzen unauflöslich
miteinander.

◢ In dunkler Haus-
kappe und Jacke sitzt
Louis-Auguste auf hellem,
geblümtem Stoff, mit
dem er an den Rändern
zu verschmelzen scheint.
Cézanne selbst meinte:
»Nicht das Schwarz und
das Weiß schaffen diese
Kontraste, sondern die
koloristischen Eindrücke.«

◤ Cézanne, *Achille
Emperaire,* Ausschnitt,
1869–70, Paris, Musée
d'Orsay. Um dem Porträ-
tierten eine gewisse Mo-
numentalität zu verleihen,
benutzte Cézanne erneut
das Motiv des Sessels.
»Wie der Papst auf sei-
nem Thron«, so charak-
terisierte der Maler Antoine
Guillemet in einem Brief
an Zola das Bildnis Empe-
raires, eine Beschreibung,
die ohne weiteres auch
auf das Porträt des Vaters
zutrifft. Siehe auch Seite
28–29.

Die Freundschaft mit Emile Zola

Cézanne und Zola begegnen sich erstmals 1852 im Collège Bourbon in Aix, und bald verbindet die beiden eine enge Freundschaft. Kurioserweise erhält Zola in diesen ersten Jahren die besseren Noten im Fach Zeichnen, wohingegen der junge Paul als schriftstellerisches Talent gilt. Beide fühlen sich durch ihre Liebe zur Romantik eng verbunden, lernen die Verse Victor Hugos auswendig und lesen bevorzugt Alfred de Musset. Der in Paris geborene und in Aix aufgewachsene Emile Zola ist vaterlos, und der um ein Jahr ältere Cézanne beschützt ihn während der Schulzeit wie ein großer Bruder. Die umfangreiche Briefsammlung zwischen den beiden Künstlern zeugt von ihrer wechselhaften und schwierigen Verbindung: einerseits der mondäne und gesellige Charakter des Schriftstellers Zola, andererseits der scheue und unbeholfene Maler Cézanne. Bei den wenigen gesellschaftlichen Anlässen in Aix versteckt sich Cézanne hinter einer mürrischen und abweisenden Haltung, mit der er in Wirklichkeit nur von seiner Schüchternheit abzulenken versucht.

◥ Cézanne, *Das Schloß von Médan*, 1879–81, Zürich, Kunsthaus. Cézanne besuchte Zola oft in dessen Haus in Médan, wo er sich häufig Emiles Boot »Nana«

◥ In einem Brief an Zola erinnerte der junge Cézanne den Freund an die glücklichen Momente, die sie zusammen während der Ferien auf dem Land um Aix verbracht hatten.

◀ Cézanne, *Lesung von Paul Alexis im Haus Zolas,* 1869–70, Schweiz, Privatsammlung. Das Bild wurde nicht vollendet, und es lag jahrelang unbeachtet auf dem Dachboden von Zolas Haus in Médan. Paul Alexis war zunächst Schüler und dann Sekretär Zolas. Gemeinsam arbeiteten sie an der Abfassung des Bandes *Les Soirées de Médan,* zu dem sie durch Gespräche zwischen Intellektuellen und Künstlern jener Zeit inspiriert wurden.

▼ Edouard Manet, *Emile Zola,* 1868, Paris, Musée d'Orsay. Zola empfand bei den Bildern Manets ein Gefühl von Einheitlichkeit und Stärke. Manets Bilder berührten Zola unmittelbar, und er widmete dem Maler zahlreiche seiner Kunstkritiken.

auslieh, um zu der kleinen Insel Platias in der Seine zu rudern. Dort konnte er in Ruhe malen und die schöne Aussicht auf das Dorf genießen.

1839–1870

Die offizielle Kunst –
Akademien und Salons

Die Kataloge der Salons aus dieser Zeit vermitteln einen für heutige Verhältnisse irritierenden Eindruck von der damaligen offiziellen Kunst. Das Sujet ist von größerer Bedeutung als die künstlerische Ausführung eines Bildes, das hauptsächlich die Wertvorstellungen eines immer anspruchsvoller werdenden Bürgertums widerspiegeln soll. Effektheischende Farbgebungen werden stärker bewundert als innere Harmonie, und jene Maler, die sich diesen Prinzipien nicht beugen, müssen gegen drei Feinde ankämpfen: das Publikum, die Kritiker und die offiziellen Künstler. Die Maler malen im Atelier bei stets gleichbleibenden Lichtverhältnissen und können so den allmählichen Übergang von Licht zu Schatten nutzen, um Körperlichkeit zu erzeugen. In den Akademien zeichnet man nach antiken Statuen und schattiert die Bilder, um Hell-Dunkel-Effekte zu erzielen. Das Publikum ist einzig an diese nuancierte Abstufung von Licht und Schatten gewöhnt; erst Edouard Manet und seine Anhänger durchbrechen diese Sehgewohnheit. Sie entdecken, daß es in der freien Natur nicht möglich ist, Objekte isoliert zu betrachten; vielmehr nimmt man immer eine Mischung von Farbtönen wahr, die im Auge beziehungsweise im Kopf verschmelzen.

◀ Jean-Léon Gérôme, *Phryne vor dem Areopag*, 1861, Hamburg, Kunsthalle. Detailgenauigkeit und fein vertriebene Pinselstriche verweisen auf einen Geschmack, der das Idealisierte und Geglättete bevorzugt.

▲ Alexandre Cabanel, *Die Geburt der Venus,* 1862, Paris, Musée d'Orsay. Dieses im Salon von 1863 ausgestellte Bild wurde sowohl von den Kritikern als auch vom Publikum hoch gelobt, woraufhin der Künstler in die Ehrenlegion und die Akademie der Schönen Künste aufgenommen wurde. Napoleon III. erwarb das Bild wegen seiner mythologisch verbrämten Sinnlichkeit.

◄ George Bernard O'Neil, *Die öffentliche Meinung,* 1863, Leeds, City Art Gallery. Das Bild zeigt die Engstirnigkeit des Publikums, das nur den eigenen Geschmack bestätigt sehen will.

▲ Ernest Meissonier, *Die Belagerung von Paris,* 1870, Paris, Musée d'Orsay. Meissonier war einer der bedeutendsten Interpreten der ehrgeizigen Unternehmungen Napoleons III.

21

Die ersten Jahre in Paris

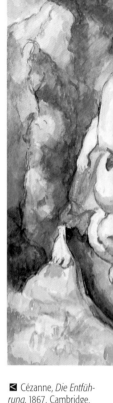

Endlich hat Paul seinen Willen gegenüber dem Vater durchgesetzt: Im April 1861 darf er nach Paris reisen, wo Zola ihn schon ungeduldig erwartet. Paul besucht die Académie Suisse, ein freies Atelier, in dem die Künstler Aktzeichnen üben; die Arbeit wird jedoch weder kontrolliert noch korrigiert. Dort lernt er Camille Pissarro kennen, mit dem ihn eine lebenslange Freundschaft verbinden wird. Im September kehrt Paul, entmutigt und voller Selbstzweifel, nach Aix zurück. Ab Herbst 1862 ist er aber wieder in Paris, wo er die Aufnahmeprüfung an der Ecole des Beaux-Arts macht, jedoch abgelehnt wird. Ein Jahr später gelingt es ihm, im Salon des Refusés ein Stilleben auszustellen. Im Louvre kopiert Cézanne Gemälde – besonders Caravaggio, Veronese und Velázquez haben es ihm angetan. Dennoch kommt der menschenscheue junge Mann auf Dauer mit dem Großstadtleben nicht zurecht. Immer wieder zieht er sich in den folgenden Jahren monatelang nach Aix zurück.

◄ Cézanne, *Die Entführung*, 1867, Cambridge, Fitzwilliam Museum. Dieses deutlich von dem Romantiker Delacroix beeinflußte Bild gehörte zunächst Emile Zola und wurde nach dessen Tod an verschiedene Sammler veräußert. Das Gemälde steht am Beginn einer Reihe von Figurenbildern, deren Sujet die Konfrontation der Geschlechter ist.

22

◤ Cézanne, *Medea* (nach Delacroix), 1880–85, Zürich, Kunsthaus. Eine Neuschöpfung des berühmten Bildes von Delacroix. Medea tötet nach ihrer Verstoßung durch Jason aus Rache die gemeinsamen Kinder.

▽ Cézanne, *Bildnis Eugène Delacroix*, 1870–71, Avignon, Musée Calvet. Cézanne war ein großer Bewunderer von Delacroix, den er häufig zitierte und kopierte. Eine Skizze des Bildes *Die Apotheose Delacroix'*, das nie endgültig realisiert wurde, zeigt in einem Halbkreis Pissarro, Monet, Victor Chocquet und Cézanne selbst, wie sie mit erhobenen Armen Delacroix huldigen, der von zwei Engeln zum Himmel emporgetragen wird.

▽ Die Basilika Sacré-Cœur mit der großen Treppe. Paul Cézanne und Paris: ein langwieriges und schwieriges Verhältnis, das oftmals von Pauls Zweifeln und Unsicherheiten hinsichtlich seines eigenen Talents getrübt wurde.

▷ Cézanne, *Der Neger Scipio*, 1867, São Paulo, Museu de Arte. Scipio war ein Aktmodell in der Académie Suisse. Hier beugt er sich nach vorn und stützt sich dabei mit dem Arm ab, wodurch die Rückenmuskeln deutlich hervortreten. Pissarro lobte das Bild als »Meisterwerk der Malerei«.

Die Orgie

Das zwischen 1867 und 1872 entstandene Bild
(heute in Privatbesitz) stammt aus einer Zeit,
in der Cézanne, wie Zola meinte, »von großen
Bildern« träumte. Cézanne nannte es *Das Fest-
mahl*, doch die Kritik taufte es später *Die Orgie*.

◣ Die Statue oben links und die von Veronese als Staffage eingesetzten Säulen übernimmt Cézanne allein, um die Szene in einen blauen Himmel einzutauchen, der das ganze Werk wie eine große farbige Welle erscheinen läßt.

◩ Paolo Veronese, *Die Hochzeit zu Kana,* 1563, Paris, Musée du Louvre. Cézanne war ein Bewunderer Veroneses, des großen Meisters gemalter Architektur und ausgezeichneten Koloristen, der auch das kleinste Detail in unnachahmlichem Zauber leuchten lassen konnte.

◪ Der Einfluß Veroneses und seiner theatralischen Monumentalwerke auf Cézanne wird im Bildvergleich zur *Hochzeit zu Kana* deutlich. Der venezianische Künstler malte das Bild 1563; Cézanne sah es mehrere Male während seiner Besuche im Louvre und kopierte es auch.

◣ Die expressive und bisweilen gewaltsame Ausgestaltung des Sinnlich-Erotischen, in der sich die Angst vor der machtvollen, unentrinnbaren Anziehungskraft des Ewigweiblichen spiegelt, bestimmt einen großen Teil von Cézannes Frühwerk.

1863 – Der Salon des Refusés

☑ Edouard Manet, *Das Frühstück im Grünen*, 1863, Paris, Musée d'Orsay. Mit dieser Badeszene an der Seine bei Argenteuil erregte Manet einen großen Skandal. Die Nacktheit der sitzenden Frau provozierte Publikum und Kunstkritik; sie verstieß vollkommen gegen die Aktdarstellung nach klassischen Stilprinzipien. Nach der Zurückweisung vom offiziellen Salon wurde das Bild im Salon des Refusés gezeigt.

Bei der Vorauswahl zu den Pariser Salons pflegt eine rigorose Jury, die sich ausschließlich an der akademischen Tradition orientiert, einen Großteil der Bilder grundsätzlich abzulehnen. 1863 wird die Hälfte der rund 500 vorgestellten Werke von einer besonders restriktiven Jury zurückgewiesen. Die abgelehnten Künstler sind derart unzufrieden, daß sie Regierung und Behörden zwingen, ihnen einen separaten Ausstellungssaal im Palais de l'Industrie zur Verfügung zu stellen. Dort öffnet, fünfzehn Tage nach dem offiziellen Salon, am 15. Mai der Salon des Refusés, der »Salon der Zurückgewiesenen«, und zieht die Pariser Bevölkerung in Scharen an – bis zu 400 Besucher am Tag. Dem Publikum steht es frei, die Bilder jener Künstler, die sich von den akademischen Autoritäten mißverstanden fühlen, zu verspotten oder sich von ihnen begeistern zu lassen. Edouard Manets Bild *Frühstück im Grünen*, dem der Maler selbst den Titel *Das Bad* gegeben hatte, vollzieht dabei zweifelsohne die bedeutendste künstlerische Neuorientierung: Manet widerspricht nicht nur der Moral und dem Geschmack des Publikums, sondern setzt mit seiner modernen Bildsprache auch ein revolutionäres Signal.

◀ Marcantonio Raimondi, *Das Urteil des Paris* (nach Raffael), Ausschnitt, 1517–20, New York, Metropolitan Museum of Art. Viele Werke Manets waren, wenn sie sich nicht direkt an große Vorbilder anlehnten, von seinen Reiseerinnerungen oder Reproduktionen und alten Stichen wie diesem inspiriert.

▼ Edouard Manet, *Olympia*, 1865, Paris, Musée d'Orsay. Manet hat sich hier von Tizians *Venus von Urbino* inspirieren lassen, und dennoch negiert das Bild jeden Bezug zur alten Kunst, da dem Publikum ohne mythologische Verbrämung offenkundig eine Prostituierte gezeigt wird.

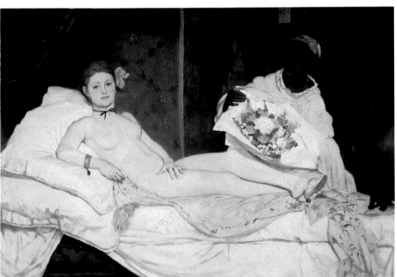

◀ Die *Olympia* von Manet in einer Karikatur von Cham, erschienen im Satireblatt »Le Charivari« vom Mai 1865.

▶ James Abbott McNeill Whistler, *Symphonie in Weiß Nr. 1*, 1862, Washington, National Gallery of Art. Bei der Ausstellung des Bildes im Salon meinte ein amerikanischer Kritiker: »Die Frau steht aus unerklärlichen Gründen auf einem Wolfspelz.«

1839–1870

Achille Emperaire

Das in den Jahren 1869–1870 entstandene Bild zeigt den Maler Achille Emperaire aus Aix-en-Provence, mit dem Cézanne befreundet war. Es befindet sich heute im Musée d'Orsay in Paris.

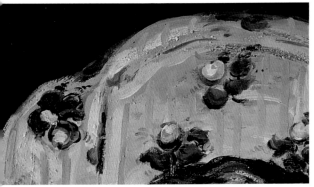

◀ Der disproportionierte Körper des Zwerges wird bei Cézanne zu einer monumentalen Figur, die vor einem Hintergrund thront, welcher auch schon in anderen Werken zu sehen ist: Beim Bildnis des Vaters (Seite 16–17) hatte Cézanne den gleichen geblümten Stoff für den Sessel benutzt.

▶ Karikatur Cézannes aus dem Album Stock mit zwei seiner vom Salon 1870 zurückgewiesenen Bilder. Zu dem Journalisten Stock sagte Cézanne: »Ich aber, ich traue mich, Monsieur Stock, ich traue mich, ich habe den Mut, für meine Überzeugung einzustehen.«

▲ Cézanne, *Achille Emperaire*, 1869–70, Basel, Kupferstichkabinett. »Eine flammende Seele, Nerven von Stahl, eiserner Stolz in einem mißgestalteten Körper, Flamme des Genies in einem zerkrümmten Gehäuse«, so erinnerte sich Cézanne an seinen Künstlerfreund.

▶ Cézanne, *Achille Emperaire*, 1869–70, Paris, Musée du Louvre. Trotz seiner Mißbildung hatte Emperaire »das Aussehen eines vollendeten Kavaliers« mit langen, schmalen Händen und einer hohen, gewölbten Stirn. Die langen Haare trugen ein übriges dazu bei, sein ausdrucksvolles Gesicht gut zur Geltung zu bringen.

1839–1870

Die großen Pläne Napoleons III.

Napoleon III. ist fest entschlossen, der französischen Wirtschaft kräftige Impulse zu geben, um den Bedürfnissen des gehobenen Bürgertums nach Expansion gerecht zu werden und die Lebensbedingungen der Arbeiterschaft zu verbessern. In ganz Frankreich vollzieht sich ein ungeheurer Industrialisierungsprozeß: Es werden Häfen, Kanäle und Eisenbahnen gebaut, neue Bergwerke eröffnet und die Architektur weiterentwickelt. Dies alles verleiht dem französischen Bürgertum große wirtschaftliche Macht, während die Masse des Proletariats beginnt, seine eigenen Rechte einzufordern. 1864 wird das Streikrecht eingeführt, und immer mehr unabhängige, selbstverwaltete Arbeitervereine werden gegründet. Da er der sozialen Konflikte nicht Herr wird, verlegt Napoleon III. sich auf die Außenpolitik und plant, ein großes französisches Kolonialreich zu schaffen. Unter seiner Regentschaft festigen die Franzosen ihre Herrschaft in Algerien, erobern neue Stützpunkte im Senegal und in Somalia und dringen nach Indochina vor. Sein ehrgeiziges Ziel, Frankreich in Europa wieder zu einer Vormachtstellung zu verhelfen, ist angesichts der starken und geschlossenen Nationalstaaten, die er als Gegner hat, jedoch zum Scheitern verurteilt.

◩ Die Champs-Elysées zur Mitte des 19. Jahrhunderts in einem Stich von Champin (Moskau, Puschkin-Museum). Die Boulevards kreuzen sich sternförmig in *ronds-points,* von denen aus sich perspektivische Blickachsen eröffnen.

◧ Camille Pissarro, *Avenue de l'Opéra,* 1898, Moskau, Puschkin-Museum. Die im Zuge der umfangreichen Umgestaltungsmaßnahmen von Georges-Eugène Haussmann neu geschaffene Avenue de l'Opéra war eines der Lieblingsthemen der Impressionisten. Cézanne gelang es jedoch nie, in der »Stadt des Lichts« Wurzeln zu schlagen – erst fernab von der Hauptstadt fand er immer mehr zu sich selbst.

Haussmann und die Stadt des Lichts

Auf dem Höhepunkt seiner Expansionsträume will Napoleon III. Paris zu einer glanzvollen »Kapitale der Welt« umgestalten. Georges-Eugène Haussmann, Präfekt von 1853 bis 1869, läßt die mittelalterlichen Viertel der Stadt abreißen und große Boulevards und Plätze erbauen. Dies hat auch zur Folge, daß das Militär im Falle von Volksunruhen rascher und wirkungsvoller eingreifen kann. Mit seiner großzügigen Gasbeleuchtung wird Paris zu einer »Stadt des Lichts«.

> Haussmann als »zerstörerischer Künstler«: Er war der erste, der mit dem Abriß ganzer Viertel auch ein Stück Vergangenheit einer großen Stadt vernichtete.

☑ Cézanne, *Paris: Quai de Bercy. Weinmarkt,* 1872, Privatsammlung. Cézanne lebte einige Zeit in einer kleinen Wohnung in der Rue Jussieu Nr. 45. Seine Wahrnehmung von Paris unterschied sich stark von der seiner Künstlerfreunde, die pittoreske und von Menschen wimmelnde Ansichten des Stadtzentrums malten.

1839–1870

Nadar und die Geburt der Fotografie

Ein eindeutiger »Erfinder« der Fotografie läßt sich nicht ausmachen, fest steht jedoch, daß Louis Daguerre im Jahr 1839 als erster ein echtes Verfahren der fotografischen Bildreproduktion offiziell vorgestellt hat. Gaspar-Félix Tournachon, besser bekannt unter dem Pseudonym Nadar, zählt – auch wegen seines großen Einflusses auf die Malerei in der zweiten Hälfte des 19. Jahrhunderts – zu den eigenwilligsten Protagonisten der Fotografie. Sein kritisch beobachtender Geist zeigt sich zunächst in Karikaturen für französische Zeitschriften wie »Le Charivari« oder das »Journal pour rire«. 1854 eröffnet er in der Rue Saint-Lazare Nr. 113 in Paris ein Fotoatelier für Porträtaufnahmen, in dem er mit speziellen Lichtverhältnissen arbeitet. Eine als Streiflicht eingesetzte punktförmige Lichtquelle erzeugt starke Hell-Dunkel-Effekte, die einen ausdrucksstarken Gesichtsausdruck modellieren, der darüber hinaus durch das Fehlen eines gemalten Hintergrundes hervorgehoben wird. Nadar macht außerdem vom Ballon aus erste Luftaufnahmen von Paris. Die Künstler gewinnen mit Hilfe von Luftaufnahmen eine neue Sicht auf die Wirklichkeit: sie erkennen Asymmetrien, stürzende Linien und perspektivische Verkürzungen.

☑ Das *Panthéon* von Nadar, 1854. Nadar beobachtete aufmerksam das künstlerische und literarische Klima in Paris und näherte sich der Fotografie zunächst mit dem Ziel, eine Lithographie zu schaffen, auf der die Gesichter von 270 berühmten Persönlichkeiten abgebildet sind. Für dieses *Panthéon* fertigte er zahlreiche Porträts, Zeichnungen und Karikaturen an.

◪ Edouard Manet, *Das Konzert in den Tuilerien*, 1862, London, National Gallery. Die Fotografie hatte entscheidenden Einfluß auf die wirklichkeitsgetreue Darstellung von Bewegungsabläufen in der Malerei.

◣ An diesem eindrucksvollen Porträt von Nadars Ehefrau Ernestine (um 1900) läßt sich zeigen, wie es der Fotografie damals schon möglich war, ein naturgetreues und gleichzeitig ausdrucksstarkes Bild zu schaffen.

◣ In den Räumen des ehemaligen Ateliers von Nadar am Boulevard des Capucines Nr. 35 (hier ein Foto von 1860) fand 1874 die erste Ausstellung der Impressionisten statt.

▶ Eugène Chevreul im Alter von hundert Jahren, Fotografie von Nadar. Chevreuls Abhandlungen über Farben waren für die Impressionisten von großer Bedeutung.

Mädchen am Klavier

Das Bild, entstanden um 1869 und heute in der Eremitage in St. Petersburg, war ein Geschenk für Pauls Schwester Rose, die es bis zum Verkauf an Vollard behielt. Cézanne ließ sich hier von Wagners Oper *Tannhäuser* inspirieren.

◄ Der Stoff des *Tannhäuser* entstammt dem Sagenschatz des christlichen Mittelalters und erzählt von der Erlösung durch die Liebe. Tannhäuser, ein Ritter und Poet, wird von Venus in den Zauberberg gelockt und danach zu ewiger Strafe verurteilt, von der ihn nicht einmal der Papst losspricht. In der Oper Richard Wagners wird er durch den Liebestod Elisabeths erlöst.

◪ Es gibt mehrere Versionen des Bildes; die hier gezeigte ist wohl die späteste. Im Unterschied zu den früheren Entwürfen, auf denen auch Männer zu sehen sind, beschränkt der Maler seine Darstellung der Szene bürgerlicher Häuslichkeit hier auf zwei Frauengestalten. Wie bei anderen Bildern Cézannes, auch bei vielen Porträts und Stilleben, ist der Hintergrund streng geometrisch konstruiert, der Raum klar definiert.

▰ Jede der beiden Frauen lebt in ihrer eigenen Welt, und trotz der räumlichen Nähe sind sie einander so fern wie Elisabeth und Venus: Während die eine mit häuslicher Arbeit beschäftigt ist, spielt die andere Klavier – und träumt dabei vielleicht von einem Leben als Künstlerin.

35

Daumier
und die Karikatur

Honoré Daumier wird als Sohn eines Glasers in Marseille geboren und übersiedelt 1816 mit der Familie nach Paris. Auch er besucht, wie Cézanne, die Académie Suisse. »Als ich noch sehr jung und unerfahren war, begeisterte ich mich für Daumier«, wird Cézanne später über den ehemaligen Mitstudenten sagen. Zu Beginn seiner Karriere widmet Daumier sich in erster Linie der Lithographie und dem Zeichnen. Er ist zunächst Mitarbeiter der Zeitschrift »La Caricature«, aber seine bissigen Angriffe auf die Politik führen zu seiner Verhaftung und zum Verbot des Blattes. Bald darauf fordert Daumier jedoch erneut die Zensur heraus, als er in der satirischen Zeitschrift »Le Charivari« eine Reihe scharfer politischer und sozialkritischer Karikaturen veröffentlicht. Der junge Künstler behauptet sich aufgrund seiner Professionalität, der Lebendigkeit seines Strichs und seiner physiognomischen Studien, die gerade in Mode sind. Als Balzac, der literarische Redakteur des »Charivari«, Daumiers nur faustgroße und doch treffende Bilder sieht, nennt er ihn den »neuen Michelangelo des Bürgertums« in Paris.

◪ Wer sich in der Frühzeit der Fotografie porträtieren lassen wollte, mußte mindestens zwanzig Minuten lang still verharren. Daumier zog diese neue Eitelkeit des Bürgertums in einer 1840 veröffentlichten Reihe von Lithographien ins Lächerliche.

◣ Honoré Daumier, *Nadar erhebt die Fotografie zur Kunst,* 1862, Boston, Museum of Fine Arts. Diese Lithographie Daumiers zeigt Nadar bei seiner Arbeit in einem Ballon; alle Gebäude tragen den Schriftzug »Photographie«.

▶ Jules Chéret, *Plakat für einen Eispalast,* 1894, Paris, Bibliothèque des Arts Décoratifs. Die Plakate jener Zeit waren voller Dynamik und brillant in den Farben.

Das Plakat

Zahlreiche technische Neuerungen des 19. Jahrhunderts tragen zum Siegeszug des Werbeplakats bei, insbesondere die Einführung neuer Techniken wie der Lithographie, bei der eine Platte aus Kalkstein als Druckform dient, und vor allem der 1836 eingeführten Farblithographie, bei der die Steinplatte mehrmals eingefärbt wird. Nach verschiedenen Versuchen mit der Zweifarblithographie verbessert der Künstler Jules Chéret (1836–1932) Verfahren und Farbwiedergabe und druckt ab 1866 farbige Plakate in Serie. Für die großen Plakate, in Frankreich *affiches* genannt, sind Motive mit hoher Suggestionskraft und eine originelle und auffällige Typographie charakteristisch. Im Zuge der Entwicklung der Industriegesellschaft werden die Werbeplakate immer prägnanter und psychologisch raffinierter.

◪ Honoré Daumier, *Die Schachspieler*, Paris, Musée du Petit Palais. Wie in anderen Fällen zeigt Daumier auch hier die Personen in Halbfigur, was ihm eine genaue Darstellung der Gestik und der Physiognomie ermöglicht.

◩ Honoré Daumier, *Die Sammler*, Rotterdam, Museum Boymans-van Beuningen. In leicht karikierender Form – spitznäsig und mit gierigem Blick – nimmt Daumier hier den Typus des Sammlers aufs Korn.

Cézanne und Flaubert

Dem Schriftsteller Gustave Flaubert (1821–1880) fühlt Cézanne sich eng verbunden: Die schwierige, spröde Persönlichkeit Flauberts, seine künstlerische Disziplin und nicht zuletzt seine ästhetische Theorie stellen eine Vielzahl von Verbindungslinien her. Claude Monet wird Cézanne später als den »Flaubert der Malerei« bezeichnen. Wie Flaubert erlebt auch Cézanne sein Schöpfertum über lange Phasen als schwierig und quälend. Flaubert ringt um eine präzise, realistische Darstellung noch des kleinsten Details und versucht, ebenso wie Cézanne vor allem in seinem Frühwerk, die »romantischen« Neigungen seines Wesens zu unterdrücken. Auch in thematischer Hinsicht bestehen Parallelen: Bilder Cézannes wie *Die Orgie* (Seite 24–25) oder der *Nachmittag in Neapel* zeigen Sujets, die auch in Flauberts Romanen auftauchen. Sogar eine Farbe ordnet Cézanne Flaubert zu, einen blau-rötlichen Ton, der einmal das Bild *Alte Frau mit Rosenkranz* (Seite 39) beherrschen wird. Doch während sich Cézanne später mehr und mehr aus der Gesellschaft zurückzieht, bleibt Flaubert bis zu seinem Tod ein unerbittlicher Kritiker der bürgerlichen Welt.

◣ Flaubert auf einem Foto von Nadar aus dem Jahre 1870: »Jung, sehr groß, sehr kräftig, mit großen, hervorquellenden Augen, … vollen Wangen, einem wilden herabhängenden Schnurrbart, einem lebhaften und rotgefleckten Teint« (Maxime du Camp).

◥ Cézanne, *Nachmittag in Neapel. Der Rumpunsch*, 1875–77, Canberra, Australian National Gallery. Wie in anderen Bildern setzt Cézanne auch in diesem Gemälde die typischen Motive der Verführung ein.

◤ Cézanne, *Die erwürgte Frau,* um 1872, Paris, Musée d'Orsay. Diese Darstellung brutaler Gewalt vermittelt den Eindruck, Cézanne habe hier über die Wiedergabe einer möglicherweise wahren Begebenheit hinaus die Bestrafung des Typus der lüsternen, verworfenen Frau zeigen wollen.

▼ Cézanne, *Alte Frau mit Rosenkranz,* 1895–96, London, National Gallery. In einem Brief schrieb Cézanne: »Als ich die *Alte mit dem Rosenkranz* malte, sah ich die Farben Flauberts vor mir. Dieser besondere blau-rötliche Ton verführte mich, sang in meiner Seele.«

Balzac und *Das unbekannte Meisterwerk*

In der berühmten Erzählung Balzacs arbeitet der Maler Frenhofer jahrelang im geheimen an einem Porträt, mit dem er die vollendete Illusion des Lebens, das absolute Kunstwerk anstrebt. Doch als er das Bild endlich zwei Freunden enthüllt, zeigt sich, daß Frenhofer es in seinem Fanatismus so lange übermalt hat, daß nichts mehr zu erkennen ist. Nach der enttäuschten Reaktion der Freunde verbrennt der Maler alle seine Werke und nimmt sich das Leben. Cézanne ist fasziniert von der Figur Frenhofers, der »bei der ewigen Suche nach der Wahrheit in den dunklen Abgrund fällt«.

Begegnung
mit Hortense Fiquet

Nachdem er fast das ganze Jahr in Aix verbracht hat, trifft Cézanne im Dezember 1869 wieder in der Hauptstadt ein. Dort lernt er Hortense Fiquet kennen, ein neunzehnjähriges Mädchen aus Sauligny im Jura, das in Paris als Modell arbeitet. Hortense ist schön: groß, braunhaarig, mit hellem Teint und großen dunklen Augen, und der zwölf Jahre ältere Cézanne verliebt sich in sie. Sie zieht zu ihm, doch die Verbindung wird geheimgehalten. Die Familie darf um keinen Preis von ihr erfahren, auch dann nicht, als am 4. Januar 1872 Sohn Paul geboren wird. Denn der Vater, von dem Cézanne finanziell vollkommen abhängig ist, würde eine Schwiegertochter ohne Mitgift niemals akzeptieren. Paul selbst hält seine Lebensgefährtin für frivol und etwas oberflächlich – »sie liebt nur Paris und Limonade« –, doch als Modell steht sie ihm immer geduldig zur Verfügung. Cézanne malt sie oft und in den unterschiedlichsten Posen, allmählich immer abstrakter, wobei erstaunlich moderne Studien in forcierter formaler Reduktion entstehen.

☑ Cézanne, *Studienblatt mit Porträtskizzen seines Sohnes,* 1878, Wien, Graphische Sammlung Albertina. Unter den zahlreichen Porträts seines Sohnes Paul sind nur wenige so ergreifend und enthüllen so unübersehbar die Freude, die das Kind Cézanne bereitet.

◰ Cézanne, *Mädchen mit offenem Haar,* 1873–1874, Privatsammlung. Dies ist eine der wenigen Vorstudien in Öl für das Motiv der badenden Frauen, das Cézanne mehrfach gestaltet hat. Das Modell ist wahrscheinlich Hortense.

◄ Cézanne, *Paul Cézanne, der Sohn des Künstlers,* 1883–85, Paris, Musée National de l'Orangerie. Bis 1880 legte Cézanne von seinem Sohn nur Bleistiftskizzen an, da der kleine Junge nicht lange still sitzen blieb. Ab 1880 erscheint Paul jedoch in einigen Ölgemälden, so beispielsweise 1888 als Harlekin im berühmten *Pierrot und Harlekin* des Moskauer Puschkin-Museums (Seite 89).

► Cézanne, *Madame Cézanne im Gewächshaus,* 1890, New York, Metropolitan Museum of Art. Hortense stand ihrem Mann regelmäßig und häufig als Modell zur Verfügung: 24 Porträts in Öl (die meisten in Halbfigur) und zahlreiche Zeichnungen sind von ihr bekannt. Dies ist eines der berühmtesten Porträts von Hortense. Vorder- und Hintergrund sind durch den gebogenen Baumstamm und die Kurvatur der Arme miteinander verbunden. Das unvollendete Bild zeichnet sich durch besondere Eleganz und Grazie aus.

1870 – Der Weg in den Krieg

Nach dem Scheitern der bürgerlichen Revolution von 1848 verstärkt sich in Deutschland, das durch seine industrielle Entwicklung zur führenden Wirtschaftsmacht des Kontinents geworden ist, der Drang zu einer Vereinigung der Einzelstaaten. Preußen nimmt in diesem Einigungsprozeß eine führende Rolle ein: Unter König Wilhelm I. und seinem energischen und autoritären Kanzler Fürst Otto von Bismarck kommt es zu einer Reihe schneller Kriege und Annexionen. Der siegreiche Krieg über Österreich und dessen Ausschluß aus dem deutschen Staatenbund, mit dem sich der kleindeutsche Gedanke durchgesetzt hat, beschert Preußen eine beachtliche Stärkung seiner Macht. Im Frankreich Napoleons III. beobachtet man mit Sorge, wie sich im Herzen Europas eine starke deutsche Konföderation unter preußischer Führung bildet und ist sich wohl bewußt, daß die Vereinigung der deutschen Staaten zum Norddeutschen Bund eine große Gefahr an der Ostgrenze heraufbeschwört. Bismarck seinerseits hält einen Krieg mit Frankreich für unvermeidlich, sucht aber eine Gelegenheit, den Nachbarn als Aggressor darstellen zu können, um so den deutschen Patriotismus auszunutzen und sich der Zustimmung seiner Verbündeten sicher zu sein. 1870 geht Napoleon III. in einer von nationalistischen Emotionen aufgeheizten Atmosphäre in die Falle und erklärt Preußen am 19. Juli den Krieg.

◪ Otto von Bismarck. Der Abkömmling eines altmärkischen Adelsgeschlechts vertrat als preußischer Ministerpräsident hartnäckig die Ansprüche der Krone und verfolgte unbeirrt seinen Plan, ein vereinigtes deutsches Kaiserreich zu schaffen.

▷ Die zeitgenössische Karikatur zeigt, wie Napoleon III. jede Hilfe, auch die von Briganten, recht ist, um die weltliche Macht Pius' IX. zu erhalten.

◁ 4. September 1870: Nach der Niederlage von Sedan forderte das französische Volk die Abdankung Napoleons III. Die Menge besetzte die Kammer und erzwang die Ausrufung der Republik.

◣ Die besser ausgerüsteten und organisierten deutschen Truppen besiegten Frankreich am 2. September 1870 bei Sedan. Das französische Heer mit Napoleon III. wurde zur Kapitulation gezwungen.

◢ Pierre Puvis de Chavannes, *Der Fesselballon,* 1871, Paris, Musée d'Orsay. Der Krieg hinterließ bei den Künstlern ein tiefes Gefühl von Trauer und Einsamkeit.

45

Das Haus des Gehängten

Cézanne malte dieses Bild um 1873 und zeigte es bei der ersten Impressionisten-Ausstellung 1874. Es wird als eines seiner Hauptwerke angesehen. Graf Isaac de Camondo überließ es dem Musée d'Orsay in Paris.

◣ Wie durch ein Nadelöhr wird der Blick auf die Landschaft im Hintergrund gelenkt, wo die Häuser von Auvers zu erahnen sind. In dieser Komposition ist noch die traditionelle Staffelung in einen Vorder-, Mittel- und Hintergrund zu erkennen, wobei jedoch die gleichmäßige Lichtverteilung dem Tiefenzug entgegenwirkt.

◤ Die Hauswand in der linken Bildhälfte zieht den Blick des Betrachters auf sich. Im Gegensatz dazu wird er bei impressionistischen Bildern durch die perspektivische Wirkung der Atmosphäre in die Tiefe gelenkt.

◥ Camille Pissarro, *Die Rue de l'Hermitage in Pontoise*, 1874, Privatbesitz. Pissarro lehrte Cézanne die Geduld, vor der Natur zu arbeiten und das Wahrgenommene dabei nicht durch Emotionen oder kompositionelle Eigenmächtigkeiten zu verändern.

◤ Mit dem dicken und körnigen Farbauftrag soll den Formen Festigkeit verliehen werden. Die Hütte auf der rechten Bildseite scheint eins mit der Natur zu sein; im Kontrast dazu die roten und schwarzen Dächer des Dorfes im Hintergrund.

Die Künstler im Krieg

▼ Claude Monet, *Der Bahnhof Saint-Lazare*, 1877, London, National Gallery. Dieses Gemälde ist sicher von William Turners Bild *Regen, Dampf und Geschwindigkeit – die Große Westeisenbahn* beeinflußt, das Monet während seines Aufenthalts in London gesehen hatte.

Die französichen Künstler reagieren ganz unterschiedlich auf den Deutsch-Französischen Krieg. Manet, Degas und Renoir werden Soldaten. Der Maler Jean-Frédéric Bazille, ein Freund Monets, fällt im November 1870. Cézanne entzieht sich der Einberufung, und nach einer kurzen Zeit in Aix übersiedelt er mit Hortense nach L'Estaque in der Nähe von Marseille. Am 5. Januar 1871 beginnen die Deutschen mit der Beschießung von Paris. Die Lage in der Hauptstadt ist gespannt: Die Nahrungsvorräte sind rasch erschöpft, und es brechen Hungersnöte und Epidemien aus. In einem Brief an seine Frau berichtet Manet, daß die Soldaten aus Hunger Katzen, Mäuse und Hunde essen, und nur wenige das Glück haben, Pferdefleisch aufzutreiben. Monet und Pissarro, die beim Eintreffen der deutschen Armee ins sichere London geflohen sind, treffen sich dort regelmäßig und zeigen sich beeindruckt von der englischen Malerei, insbesondere von Turner und Constable. Paul Durand-Ruel, ein bedeutender Sammler und Kunsthändler, geht mit einer umfangreichen Bildersammlung französischer Künstler ebenfalls nach London, wo er eine Galerie eröffnet.

➤ Claude Monet, *Der Fluß Zaan bei Zaandam*, um 1871, Privatsammlung. Bevor Monet nach Kriegsende endgültig nach Frankreich zurückkehrte, verbrachte er einige Zeit in Holland. Die malerischen Windmühlen, der weite Himmel über dem flachen Land, die Kanäle mit den Booten und die Städte mit den scheinbar direkt ins Wasser gebauten Häusern regten seine Schaffensfreude an. Nach dieser Erfahrung wurde die Leuchtkraft seiner Bilder noch intensiver.

⏶ Camille Pissarro, *Wiese in Hampton Court*, 1891, Washington, National Gallery of Art. Pissarro sagte: »Monet und ich waren voller Enthusiasmus. Wir arbeiteten in der freien Natur ... aber wir besuchten auch die Museen.«

⏶ Claude Monet, *Westminsterbrücke in London*, London, National Gallery. Monet malte das Bild 1871 in England, wohin er kurz nach Kriegsausbruch 1870 geflohen war. Auch während späterer Englandaufenthalte schuf Monet zahlreiche Bilder mit Ansichten der Themse.

Die Arbeit mit Pissarro in Auvers-sur-Oise

Ende des Jahres 1872 übersiedelt Cézanne mit Hortense und Söhnchen Paul nach Auvers-sur-Oise, einer kleinen Ortschaft dreißig Kilometer vor Paris, die später durch den Selbstmord Vincent van Goghs zu trauriger Berühmtheit gelangen wird. Auvers mit seinen Hügeln und umliegenden Dörfern bietet den Malern zahlreiche reizvolle Landschaftsmotive. Cézanne lernt Paul Fernand Gachet kennen, den späteren Arzt van Goghs, Spezialist für depressive Zustände, Herzkrankheiten und Homöopathie, der in seiner Freizeit selbst malt und radiert. Gachet, eng mit Pissarro befreundet, ist einer der ersten Sammler impressionistischer Kunst. In Cézannes Werk vollzieht sich ein Wandel: Im engen Kontakt mit Pissarro wendet er sich von den phantastisch-visionären Themen und den düsteren Ansichten von Paris ab und verwendet nun lichtere und freundlichere Farben. Die Spachtel sind nicht mehr groß und quadratisch, sondern dünn und biegsam; der Auftrag geschieht durch kleine Pinselstriche und Farbtupfen, wodurch ein harmonischer Gesamteindruck entsteht.

◣ Vincent van Gogh, *Weizenfeld unter einem Gewitterhimmel*, 1890, Amsterdam, Rijksmuseum Vincent van Gogh. Am 27. Juli 1890, ungefähr zwei Monate nach seiner Ankunft in Auvers, beging van Gogh in einem Weizenfeld Selbstmord.

◩ Camille Pissarro, *Die roten Dächer*, 1877, Paris, Musée d'Orsay. Während Pissarro die Konturen mit kurzen Pinselstrichen umriß und so die vibrierende Atmosphäre einfing, verwendete Cézanne einen dichten und pastosen Farbauftrag zur »Konstruktion« der Landschaft.

◤ Camille Pissarro, *Selbstbildnis*, 1873, Paris, Musée d'Orsay. Cézanne empfand für Pissarro eine große Wertschätzung.

☑ Camille Pissarro, *Rauhreif,* 1874, Paris, Musée d'Orsay. »Suche dir die Art Natur, die deinem Temperament entspricht. Am Motiv soll man mehr die Formen und Farben als die Zeichnung beachten.

... Ziehe die Umrisse der Dinge nicht zu bestimmt; der Pinselstrich, der richtige Farbton und die richtige Helligkeit sollen die Zeichnung hervorbringen...«, schrieb Pissarro an seinen Schüler Louis Le Bail.

☑ Cézanne, *Blick auf Auvers,* 1873, Chicago, The Art Institute. Cézannes Landschaften sind keine exakten topographischen Schilderungen, sondern vielmehr Ausdruck der Empfindungen, die ein Ort in dem Maler erweckte.

51

Die Kommune
und die Dritte Republik

Sofort nach Bekanntwerden der Niederlage Napoleons III. ruft die Opposition in Paris die Republik aus und gründet am 4. September 1870 eine Regierung der nationalen Verteidigung. Doch die in aller Eile aufgestellte Freiwilligenarmee wird vernichtend geschlagen; im Januar 1871 kapituliert Paris vor den deutschen Truppen. Im Februar wird Adolphe Thiers in Bordeaux zum »Chef der Exekutive« gewählt. Er handelt mit dem neugegründeten Deutschen Reich den Vorfrieden von Versailles aus: Das Elsaß und große Teile Lothringens fallen an Deutschland, Reparationszahlungen in Höhe von fünf Milliarden Francs sind zu leisten. Der Widerstand gegen diesen Vertrag und der Ruf nach einer republikanischen Verfassung führen zum Aufstand in Paris. Im März wird ein aus 85 Personen gebildetes Stadtparlament, die »Commune de Paris«, gewählt, das die verschiedensten demokratisch-egalitären und sozialistischen Ideenrichtungen repräsentiert. Die Kommune ist jedoch nicht imstande, eine wirksame politische und militärische Führung zu organisieren und unterliegt nach zweimonatigem unerbittlichem Bürgerkrieg, der Zehntausende das Leben kostet, den Regierungstruppen.

▷ *Der Brand von Paris am 24./25. Mai 1871,* Radierung, Paris, Musée Carnavalet. Bevor die Anhänger der Kommune sich Thiers ergaben, ließen sie zahlreiche Gebäude in Flammen aufgehen, darunter Symbole der bürgerlichen und monarchischen Macht wie die Börse und das Tuilerienschloß. Sie erschossen zehn Geiseln, darunter den Erzbischof von Paris.

▽ Sabatier, *Die Säule auf der Place Vendôme, abgerissen am 16. Mai 1871,* 1871, Saint-Denis, Musée d'Art et d'Histoire. Auch die Zerstörung dieser Säule war ein symbolischer Akt.

◁ Edouard Manet, *Der Bürgerkrieg,* 1871, Chicago, The Art Institute. Der Bürgerkrieg zwischen der Kommune und den Regierungstruppen wurde auf beiden Seiten mit gnadenloser Härte geführt. Das entsetzliche Blutvergießen erschütterte ganz Europa.

➤ Edouard Manet,
Die Barrikade, 1871.
Diese Lithographie spie-
gelt Manets Erfahrun-
gen während der Belage-
rung von Paris wider.
Der Künstler hielt seine
Eindrücke unmittelbar
am Ort des Geschehens
in Skizzen fest.

L'Estaque

L'Estaque ist ein kleines Fischerdorf an der Bucht von Marseille, in das sich Cézanne immer wieder zurückzieht. Auch im Juli 1870, kurz vor dem Ausbruch des Deutsch-Französischen Krieges, flieht er mit Hortense dorthin. Die dörflichen Motive inspirieren ihn zu Kompositionen, die auf ein sehr subtiles geometrisches Raster von Volumina reduziert sind. Cézanne malt 27 Bilder von L'Estaque mit seinen Backstein-, Fliesen- und Zementfabriken, deren Schornsteine hoch in den Himmel ragen. Auch Georges Braque werden späterhin diese Landschaftsmotive faszinieren, die er radikaler noch als Cézanne aus geometrischen Grundelementen aufbaut. Um die Eigenart der Landschaft zu charakterisieren, greift Cézanne zu einem merkwürdigen Vergleich: »Es ist hier wie eine Spielkarte. Rote Dächer vor dem blauem Meer. ... mir scheint, als ob alle Gegenstände sich als Silhouetten abhöben, und zwar nicht bloß in Schwarz oder Weiß, sondern in Blau, in Rot, in Braun, in Violett.«

◥ Cézanne, *Die Brücke von Maincy*, 1879–80, Paris, Musée d'Orsay. Dieses Bild gilt allgemein als eine der gelungensten Landschaftsdarstellungen Cézannes. Mit breit hingesetzten Pinselstrichen gelingt ihm ein ungemein dichtes Gefüge – in den farblichen Korrespondenzen wie in der kompositorischen Struktur.

◤ Georges Braque, *Viadukt bei L'Estaque*, um 1908, Minneapolis, The Minneapolis Art Museum. Cézannes Beschränkung auf das Wesentliche machte Schule.

◀ Cézanne, *Die Dächer von L'Estaque,* 1878–82, Rotterdam, Museum Boymanns-van Beuningen. Dieses ungemein zarte Aquarell zeigt die Dächer des Ortes von der gegenüberliegenden Seite der Bucht und lenkt den Blick auf die Bergkette im Hintergrund, die sich im Süden von Marseille erhebt. Die Aquarelltechnik ist ein gutes Mittel, Momenteindrücke spontan festzuhalten.

▶ Paul Klee, *Der Niesen,* 1915, Bern, Kunstmuseum. Anklänge an Motive Cézannes findet man auch bei Klee in dieser weitgehend abstrakten Farbflächenkomposition.

▼ Cézanne, *Das Meer bei L'Estaque,* 1878–79, Paris, Musée Picasso. Der Horizont erzeugt keine Tiefenräumlichkeit mehr; am linken Bildrand verschmelzen Himmel und Meer miteinander.

1870–1880

Drei Badende

Das um 1875 entstandene Bild (heute in einer Privatsammlung) war lange Zeit im Besitz des Bildhauers Henry Moore. Man sieht drei Frauen an einer Quelle, deren ungeschönte Körperlichkeit Moore fasziniert hat.

△ Henry Moore, *Drei Badende nach Cézanne,* 1978, Hertfordshire, The Henry Moore Foundation. Der Bildhauer schuf kleinformatige Skulpturen nach dem Vorbild der *Drei Badenden* von Cézanne.

▷ William Adolphe Bouguereau, *Die Geburt der Venus,* 1879, Paris, Musée d'Orsay. Zur gleichen Zeit wie die *Drei Badenden* entstand dieses Bild mit einem mythologischen Lieblingsthema der akademischen Tradition.

◁ »Für mich ist es herrlich, monumental«, sagte Moore über das Bild. »Nicht größer als 30 Zentimeter, und doch schließt es für mich in sich die ganze Monumentalität Cézannes ein. ... Im übrigen gefällt es mir auch, weil der Frauentypus, den er malt, meinen Vorstellungen entspricht.«

57

1874 – Die erste »Impression«

Im Jahr 1873 schließen sich Edgar Degas, Berthe Morisot, Claude Monet, Camille Pissarro, Auguste Renoir und Alfred Sisley mit anderen Künstlern zu einer Genossenschaft zusammen, die den Namen »Société anonyme des artistes, peintres, sculpteurs, graveurs« trägt. Ein Jahr später stellt diese Gruppe vom 15. April bis 15. Mai im ehemaligen Atelier des Fotografen Nadar am Boulevard des Capucines insgesamt 163 Werke aus. Cézanne ist mit den Bildern *Haus des Gehängten* (Seite 46–47), einer *Landschaft bei Auvers* und der *Modernen Olympia* beteiligt. Der Kritiker Louis Leroy gibt seinem satirischen Dialog über das Ereignis den Titel »Die Ausstellung der Impressionisten«, ein Name, den die Künstlergruppe auf keinen Fall tragen will, da Leroy ihren neuen, umwälzenden Kunststil ins Lächerliche zieht. In Paris wird gewitzelt, daß die Methode dieser Künstler darin bestünde, eine Pistole mit mehreren Farbtuben zu laden und auf die Leinwand abzufeuern, um dann das Werk mit der Signatur zu vollenden. Die Kritiker schreiben harsche Kommentare und nehmen die Ausstellung nicht ernst.

☑ Auguste Renoir, *Die Loge*, 1874, London, Courtauld Institute Galleries. Dieses Bild wurde für nur 425 Francs verkauft, die Renoir unbedingt brauchte, um seine Miete zu bezahlen. Sein Bruder und Nini, ein neues Modell, posierten hierfür.

▶ Edouard Manet, *Berthe Morisot mit einem Veilchenstrauß*, 1873, New York, Sammlung Whitney. Berthes früherer Lehrer Guichard bezeichnete die erste Ausstellung der Impressionisten als das Produkt eines »schieläugigen Geistes«.

⊾ Claude Monet, *Impression: Sonnenaufgang,* 1872, Paris, Musée Marmottan. Mit diesem Titel, den Monet seinem Bild gab, verlieh er ungewollt der Bewegung ihren Namen. Es zeigt den Blick aus einem Fenster auf Le Havre, als die Sonne durch Nebelschwaden über dem Wasser schimmert.

⊳ Claude Monet, *Boulevard des Capucines,* 1873, Kansas City, William Rockhill Nelson Gallery of Art. »Aha, so sehe ich also bei einem Spaziergang auf dem Boulevard des Capucines aus. Donnerwetter!« ruft verblüfft der fiktive Landschaftsmaler und Akademieprofessor Joseph Vincent in Leroys satirischer Ausstellungsrezension.

59

Victor Chocquet im Lehnstuhl

Das Bild aus dem Jahr 1877 (heute im Columbus Museum of Art, Ohio) zeigt Victor Chocquet, einen Beamten der Pariser Zollverwaltung, in entspannter Haltung in einem bequemen Sessel sitzend. Die Gemälde im Hintergrund weisen Chocquet als kunstbegeisterten Sammler aus. Chocquet saß Cézanne für verschiedene Porträts und Skizzen Modell, und auf allen zeigt sich seine große Sensibilität.

◣ Chocquet hatte die Eigenschaften eines echten Sammlers – er wollte selbst entdecken und vertraute dabei auf seinen Geschmack. Ebenso wie Cézanne bewunderte er Delacroix und konnte im Laufe der Jahre auch einige seiner Werke erwerben.

☑ Auguste Renoir, *Bildnis Victor Chocquet,* 1875, Winterthur, Stiftung Oskar Reinhart. Das Porträt, in einer leuchtenden Palette heller Farben gemalt, die noch durch das Muster der Tapete bereichert wird, besticht durch psychologische Eindringlichkeit. Renoir war Chocquet aufgrund seines offenen und warmen Wesens verbunden; er malte von ihm zwei Porträts und ein Bildnis seiner Frau, das sie vor einer Wand mit einem Gemälde Delacroix' zeigt.

◩ Cézanne, *Bildnis Victor Chocquet,* 1877, Richmond, Virginia Museum of Fine Arts. Cézanne malte dieses Bild ebenfalls 1877 und benutzte auch die gleiche Technik: kleine Pigmentpunkte in einer Textur, in der das Gesicht und der Raum sich vermischen. Renoir hatte Cézanne Chocquet vorgestellt, der ein Bild von ihm kaufte und sagte: »Wie sich dies gut zwischen einem Delacroix und einem Courbet machen wird!«

Die Cafés und das moderne Leben

Ab 1866 treffen sich im Café Guerbois in der Pariser Grande Rue des Batignolles Maler, Schriftsteller und Intellektuelle, die sich für die neuen Ideen interessieren. Der Donnerstag ist der »Jour fixe«, doch auch an den anderen Abenden trifft sich dort ein Kreis von Künstlern zu lebhaften Diskussionen. Da Cézanne viel Zeit im Süden verbringt, kommt er nur unregelmäßig, ebenso wie Pissaro, der in Pontoise lebt. Jahre später erinnert sich Claude Monet an diese Treffen: »Nichts war interessanter als diese Wortgefechte. Sie schärften unseren Geist, erfüllten uns mit Begeisterung, die wochenlang anhielt, bis eine Idee endgültige Form gewann. Wir verließen das Lokal mit gestärktem Willen, klareren Gedanken und gehobener Stimmung.« Die Künstler bewegen sich in einer prächtigen »Lichterstadt« voll wahr gewordener Träume: die mächtigen Palais, die Bahnhöfe, die großen Schulen, die medizinische Versorgung, die Amüsements. Nicht für Cézanne, aber für viele andere Künstler ist das brodelnde Leben im Paris des ausgehenden 19. Jahrhunderts ein immer wiederkehrendes Thema.

◩ Edgar Degas, *Das Café La Nouvelle-Athènes,* 1878. Dieses Café an der Place Pigalle war ruhiger als das Guerbois und bekannt für seinen Plafond, auf den eine große tote Ratte gemalt war.

◩ Gustave Caillebotte, *Paris, ein Regentag,* 1877, Chicago, The Art Institute. Das Bild zeigt die lebhafte Geschäftigkeit der Stadt. Von diesem speziellen Blickwinkel aus kann man gleichzeitig sowohl die Passanten rechts in der Nahsicht als auch die Personen weit im Hintergrund beobachten.

◩ Edgar Degas, *Das Konzertcafé Aux Ambassadeurs,* 1875–77, Lyon, Musée des Beaux-Arts. Degas besuchte häufig die Pariser Konzertcafés zwischen Montmartre und den Champs-Elysées und hielt sie in zahlreichen Bildern fest.

◤ Das Café Guerbois in einer Zeichnung von Manet aus dem Jahr 1869, Cambridge, Massachusetts, The Fogg Art Museum. Das Guerbois hatte einen Garten und eine Laube. Es war kein feines Lokal, lag aber am Montmartre, dem Stadtteil, in dem fast alle Künstler wohnten.

➤ Edouard Manet, *Im Café*, 1869, Cambridge, Massachusetts, The Fogg Art Museum. Manet war der intellektuelle Kopf der Gruppe, die sich im Café traf. Manchmal stieß auch Cézanne zu ihnen.

☑ Henri de Toulouse-Lautrec, *Tanz im Moulin Rouge: Die Goulue und Valentin, der Schlangenmensch,* Fassadendekoration für die Schaubude der Goulue, 1895, Paris, Musée d'Orsay. Leichtigkeit und Sinnlichkeit sprechen aus dieser Darstellung der berühmten Tänzerin.

Das Pariser Nachtleben des Henri de Toulouse-Lautrec

Toulouse-Lautrec (1864–1901) entstammt einer alten Aristokratenfamilie. Ab 1886 lebte er am Montmartre, dem Viertel der Maler und Kunstgalerien. Seine Bilder sind schillernde Zeugnisse des brodelnden Lebens in der Metropole, ihrer Kabaretts und Freudenhäuser. Der begnadete Zeichner zeigt Glanz, Elend und Zweideutigkeit des Pariser Nachtlebens in einfühlsamen Darstellungen von Tänzerinnen, Schurken und Dandys, die allesamt auf der Suche nach einem Abenteuer sind.

1870–1880

Hortense Fiquet im roten Sessel

Hortense Fiquet war eines der Lieblingsmodelle Cézannes; er hat sie in zahlreichen Gemälden porträtiert. Dieses 1877/78 entstandene Bildnis, heute im Museum of Fine Arts in Boston, ist sicherlich eines der geheimnisvollsten.

◄ Cézanne porträtiert Hortense hier mit gedankenverlorener Miene; das Weiße ihrer Augen malt er mit Blau, so daß die Augen aus dem Bild hervorleuchten, wie die Schleife an der Bluse. Hortense war sehr geduldig; Cézanne brauchte im Durchschnitt bis zu 150 Sitzungen, um ein Porträt zu vollenden.

▼ Pablo Picasso, *Sitzende Frau*, 1909, Privatsammlung. Picasso war begeistert von den zahlreichen Werken Cézannes, die er in Paris bei dem Sammler Vollard sah. Möglicherweise erinnerte er sich beim Malen dieses Bildes an die Stellung der Arme und an die Frisur im Porträt von Hortense.

► Allein die Farbe gibt diesem Werk Leben. Das Ocker der Tapete wird von blauen Pinselstrichen belebt, die die ganze Komposition rhythmisieren. Cézanne begeistert sich für das Spiel changierender Farbwerte; zu sehen hauptsächlich im Hintergrund, aber auch auf dem Gesicht und in den Stoffen.

◄ Über die senkrechten Streifen des Rockes, die mit dem grün-blauen Randstreifen der Wand und dem Rot des Sessels kontrastieren, schafft Cézanne eine architektonische Struktur, die fast keine Tiefenwirkung zuläßt und eine ungewöhnliche Verschmelzung der Ebenen bewirkt.

Die letzte Ausstellung mit den Impressionisten

Anfang April 1877 eröffnen die Impressionisten in einer angemieteten Wohnung in der Rue Le Peletier ihre dritte Ausstellung. Cézanne, dem einer der schönsten Räume zugewiesen wird, zeigt 17 Werke, darunter ein Bildnis von Chocquet; Monet beteiligt sich mit etwa dreißig Bildern. Dieses Mal kommen mehr Besucher, und sie scheinen zunächst auch weniger zu Spott aufgelegt zu sein. Der Kritiker Georges Rivière veröffentlicht eine Zeitschrift zur Verteidigung der Künstler, »L'Impressioniste, Journal d'Art«, die in fünf Ausgaben erscheint. Wie Rivière berichtet, haben die Künstler die Bezeichnung »Impressionisten« nun doch übernommen, um klarzustellen, daß in ihrer Ausstellung weder Genrebilder noch historische, biblische oder orientalische Sujets zu sehen sind. Trotz Rivières Bemühungen bleiben Publikum und Kritik jedoch skeptisch. Zola hebt in seiner Besprechung der Ausstellung vor allem Monet hervor. Seinen Freund Paul setzt er erst an zweite Stelle: »Nach ihm möchte ich Cézanne nennen, der sicherlich der bedeutendste Kolorist der Gruppe ist.«

◭ Auguste Renoir, *Die Schaukel*, 1876, Paris, Musée d'Orsay. Diese galante Szene spielt mit dem Thema »Figur in der Landschaft«.

◭ Auguste Renoir, *Tanz im Moulin de la Galette*, 1876, Paris, Musée d'Orsay. In dem Film *Das Frühstück im Grünen* (1959) zeigte Jean Renoir in sinnlichen, sonnenbeschienenen Bildern das Vermächtnis seines Vaters.

◄ Cézanne, *Das Meer bei L'Estaque*, 1876, Zürich, Fondation Rau pour le Tiers-Monde. Auch dieses Bild, das Cézanne bei der Ausstellung 1877 vorstellte, erweckte keinerlei Interesse – es wurde als ungeschickt und »sonderbar« eingestuft. Nur Rivière, Pauls unermüdlicher Verteidiger, unterstrich dessen Eigenständigkeit innerhalb des impressionistischen Schaffens mit den Worten: »Es zeugt von außerordentlicher Größe und einer unglaublichen Ruhe; es scheint, daß diese Szenerie im Gedächtnis bleibt, da sie das Leben widerspiegelt.«

► Cézanne, *Bildnis Victor Chocquet,* 1876–77, New York, Privatbesitz. Von all den Werken, die Cézanne ausstellte – meistens Landschaften und Stilleben in Öl oder Aquarell – rief dieses das stärkste Befremden hervor. Degas sagte dazu: »Das Bildnis eines Verrückten, gemalt von einem Verrückten.« Trotz dieses Sarkasmus steht die Kühnheit des Bildes jedoch außer Frage. Mit knappen Pinselstrichen setzte Cézanne auf die Haut, den Bart und die Haare grüne, gelbe und rote Farbtupfen, die in alle Richtungen weisen und das Gesicht fast zum Glühen bringen.

Begegnung mit Joris-Karl Huysmans

Im Jahre 1889 schreibt der feinsinnige Kunstkritiker und Schriftsteller Joris-Karl Huysmans über Cézanne: »Im ganzen ein Wegbereiter der Farbe ..., ein Künstler mit kranker Netzhaut, dessen überreiztes Wahrnehmungsvermögen die Vorstufen einer neuen Kunst entdeckte: dies etwa könnte man zusammenfassend über Herrn Cézanne, den allzu rasch vergessenen Maler, sagen.« Huysmans begegnet Paul erstmals 1880 im Hause Zolas in Médan. Anfangs ist er offenbar von dessen Bildern wenig begeistert; in seinen Salon-Kritiken, die in den folgenden Jahren in der Zeitschrift »Le Voltaire« erscheinen, wird Paul niemals erwähnt. Erst Pissarro, der Cézanne schon lange unterstützt und schätzt, gelingt es, Huysmans auf Cézanne aufmerksam zu machen. Und obwohl der Schriftsteller für die Impressionisten eintritt und davon spricht, daß »die Kunst auf den Kopf gestellt wird, befreit von der Knechtschaft offizieller Institutionen«, bewertet er Cézannes Malerei zunächst als zu »merkwürdig« und bisweilen »monströs«, um wahres Interesse zu wecken. Seltsamerweise schreibt Huysmans zu dieser Zeit über den gerade vierzigjährigen Künstler immer in der Vergangenheitsform, als betrachte er Cézanne schon als Teil der Geschichte.

◤ Joris-Karl Huysmans (1848–1907). Das Interesse, das Intellektuelle und Kritiker an den Künstlern zeigten, fand seine Entsprechung in dem veränderten Kunstmarkt, der nicht mehr von der Akademie oder den Salons beherrscht wurde.

◢ Emile Zola bei der Arbeit. Dank der Vermittlung Zolas begann Huysmans als Kunstkritiker für die Zeitschrift »Le Voltaire« zu schreiben. In seinen Artikeln entlarvte er den falschen Glanz der Salons und formulierte treffende Anmerkungen zu den Impressionisten.

◤ Charles Baudelaire. Cézanne verehrte den genialen Dichter, der auch als Kritiker und Theoretiker zu den herausragenden Erscheinungen seiner Zeit gehörte.

◀ Cézanne, *Stilleben mit Vorhang, Krug und Obstschale,* 1893–94, Privatsammlung. Huysmans schrieb über das Stilleben: »Und plötzlich wird man ganz neuer, bisher nie beobachteter Wahrheiten inne: Fremdartige und doch reale Tönungen, Farbflecken von einmaliger Ursprünglichkeit ...«

▼ Cézanne, *Das Schloß von Médan,* 1879–81, Zürich, Kunsthaus. »... mit dem Schwung eines Delacroix als Fest für die Augen, doch ohne Verfeinerung des Blicks, ohne Fingerspitzengefühl, ...«, schrieb Huysmans 1889.

Das Stilleben

Die Stilleben Cézannes wirken außerordentlich einfach, doch sind sie sehr komplex ausgeführt. Die Schriftstellerin Virginia Woolf bemerkte anläßlich einer von Roger Fry organisierten Cézanne-Ausstellung in London: »Was können sechs Äpfel nicht alles sein? Es ist die Verbindung zwischen ihnen, und die Farbe und das Volumen. Je länger man die Äpfel betrachtet, desto roter und runder, grüner und schwerer scheinen sie zu werden. ... Ihre Pigmentierung selbst scheint uns herauszufordern, scheint irgendwie unseren Nerv zu treffen, zu stimulieren, zu reizen ... sie erweckt in uns Worte, von denen wir nicht glaubten, daß es sie gibt, und suggeriert Formen, wo wir vorher nur Leere sahen«. Cézannes Stilleben sind weit mehr als eine einfache Darstellung unbelebter Gegenstände. Fast immer scheint es so, als wollten etwa die Äpfel dem Betrachter entgegenrollen, als fielen sie in jedem Moment aus dem Bild.

◢ Virginia Woolf war eine der eigenwilligsten Schriftstellerinnen des 20. Jahrhunderts. Ebenso wie Cézanne ging sie konsequent ihren eigenen Weg, und es gelang ihr, ein faszinierendes Gleichgewicht zwischen intellektueller Klarheit, Gefühlsstärke und stilistischem Können zu erreichen.

◢ Camille Pissarro, *Stilleben mit Birnen in einem Korb,* 1873, Sammlung Scheuer. Wahrscheinlich ließ sich Pissarro von Cézannes Stilleben inspirieren, doch sein eigentliches Interesse galt immer der Freilichtmalerei.

◢ Pablo Picasso, *Obstschale und Brot auf einem Tisch,* 1908, Basel, Kunstmuseum. Für die nachfolgende Künstlergeneration war Cézanne der Befreier, der die Malerei aus den Fesseln der Konvention gelöst hatte.

△ Cézanne, *Stilleben mit blauem Milchtopf*, 1900–06, Malibu, The J. Paul Getty Museum. In seinen letzten Lebensjahren malte Cézanne Stilleben in Aquarelltechnik, deren Leuchtkraft ebenso außergewöhnlich war wie ihre Formate. Dieses ist eines der repräsentativsten Werke seines Spätstils.

▷ Cézanne, *Stilleben mit Suppenschüssel*, um 1877, Paris, Musée d'Orsay. Dies ist eines der ersten Werke, bei denen Cézanne sich von den atmosphärischen Farben des Impressionismus abwendet, um die Intensität der Lokalfarben herauszumodellieren.

1870–1880

Obstschale und Teller mit Biskuits

Dieses um 1877 gemalte Bild (heute in japanischem Privatbesitz) ist beispielhaft für viele folgende Stilleben. Das äußerst prekäre Gleichgewicht der Bildgegenstände erzeugt Spannung, aber auch eine bislang ungekannte Harmonie.

◣ Die Äpfel, die Obstschale und der Teller mit den Biskuits stehen auf einer in dicken, eckigen Falten aufgeworfenen Decke, die über die Tischkante herabzurutschen scheint und somit das Gleichgewicht in Frage stellt. Präzise, methodisch und kompakt malt Cézanne die Tischdecke in der Hauptfarbe Blau-Violett und die Tapete in gelb-oliv.

◤ Der Fond der Tapete ist gelb-oliv, darauf erscheinen Rauten, die an den Ecken blaue kreuzförmige Motive zeigen. Mit dieser geometrischen Struktur, die er auch in anderen Bildern verwendet, gelingt es Cézanne, der Komposition Halt und Stabilität zu geben.

▶ Cézanne, *Stilleben mit Obstschale, Glas und Äpfeln,* 1880, New York, The Museum of Modern Art. Dieses Stillleben war einige Zeit im Besitz von Paul Gauguin. Der Maler Maurice Denis nahm es zum Hauptmotiv eines seiner Bilder aus dem Jahr 1900, das er Cézanne widmete.

◀ Cézanne, *Äpfel,* 1877–78, Cambridge, Fitzwilliam Museum. Fehlten Äpfel in früheren Stilleben Cézannes, so werden sie ab den siebziger Jahren zum immer wiederkehrenden Motiv. Huysmans schrieb, bei Cézanne seien »mit groben Strichen ... Äpfel hingehauen und mit dem Daumen verstrichen: von nahem gesehen ein wildes Durcheinander von Hochrot und Gelb, Grün und Blau«.

Degas und die Momentaufnahme in der Fotografie

Ein Verfahren zur naturgetreuen Wiedergabe der Farben zu finden und das Problem der Aufnahme bewegter Motive zu lösen sind Schwierigkeiten, die die Frühzeit der Fotografie prägen. Daguerre hatte zwar schon 1844 behauptet, er könne galoppierende Pferde und fliegende Vögel fotografieren, doch die entsprechende Technik wird erst nach 1870 entwickelt. Erstmals ist es jetzt möglich, ein sich schnell bewegendes Objekt aufzunehmen. Daß darüber hinaus nun jede Phase eines Bewegungsablaufs einzeln im Bild festgehalten werden kann, geht über die Wahrnehmungsfähigkeit des menschlichen Auges hinaus und verändert die Sehgewohnheiten. Edgar Degas nutzt diese neue Errungenschaft der Fotografie unter anderem, um die Bewegungen seiner Lieblingsmodelle, der Ballettänzerinnen, noch naturgetreuer darstellen zu können. Seine Briefe geben darüber zwar keine Auskunft, aber Zeugnisse von Freunden und Kollegen belegen, daß Degas an fotografischen Verfahren sehr interessiert gewesen ist und sich der Fotografie in vielfältiger Weise bedient hat. Nach Aussage von Paul Valéry ist Degas einer der ersten Maler, der sich der Bedeutung der Fotografie für die bildende Kunst bewußt wurde.

◤ André Disderi, *Cartes-de-visite* von Tänzern in Kostümen des Balletts *Piero de' Medici,* um 1876. Auch Degas sprach man ein »fotografisches Auge« zu.

◀ *Carte-de-visite* von Edgar Degas, um 1862. Haarschnitt und Knöpfung der Weste stimmen mit dem Gemälde (rechts) überein.

▶ Degas, *Selbstbildnis*, 1862, Lissabon, Fundaçao Calouste Gulbenkian. Degas malte dieses Porträt vermutlich nach einer Fotografie, denn es fehlen die üblichen Seitenverkehrungen eines vor dem Spiegel entstandenen Selbstbildnisses.

☑ Cézanne, *Selbstbildnis,* 1895, Privatsammlung. Auch Cézanne nutzte die Fotografie ausgiebig, dank derer das Problem des langen Posierens entfiel. Dieses ist das einzige Selbstporträt in Aquarell. Cézanne fand sich häßlich und wenig anziehend, grob und gewöhnlich im Gegensatz zu den eleganten Erscheinungen eines Manet oder Degas.

◤ Die fotografische Momentaufnahme brachte auch Karikaturisten wie Nadar und Gustave Doré voran, die sowohl die Kamera als auch den Bleistift benutzten. Ihre Zeichnungen orientierten sich mehr an der Fotografie als an traditionellen Formen der Karikatur.

◀ Edgar Degas, *Ballettprobe in der Oper,* 1872, Paris, Musée d'Orsay. Degas studierte oft die Posen der jungen Tänzerinnen.

Degas und Cézanne

Im Gegensatz zu Cézanne ist Degas ein Mann von Welt, eingebunden in die Gruppe der Impressionisten und ständig im mondänen Leben von Paris anzutreffen. Zwischen den beiden Malern entsteht recht bald eine höfliche Mißachtung, indem der eine die Werke des anderen ignoriert. Erst 1895 erkennt Degas durch eine von Vollard veranstaltete Einzelausstellung Cézannes Qualität.

Neue Anregungen

W arum kehrt Cézanne immer wieder zu den Sujets Porträt, Stilleben und Landschaft zurück? Vermutlich steht nicht so sehr eine ausgesprochene Vorliebe für diese Motive im Vordergrund als vielmehr Cézannes Bestreben, über eine illusionistische Naturnachahmung hinauszugehen. So können seine Bilder widersprüchlich erscheinen, aber er hat die Vision einer »reinen« Malerei. Bei Cézanne ordnet sich die Kunst durch verschiedene Mittel und Methoden nach und nach immer mehr einem Konzept unter. Es ist wohl auch kein Zufall, daß zu Anfang der achtziger Jahre der Schriftsteller Huysmans mit seinem Roman *Gegen den Strich* beginnt und der Dichter Charles Baudelaire den »Tempel der Natur« als einen »Wald voller Symbole« und Entsprechungen beschreibt, um zur reinen Poesie zu gelangen. Viele junge Maler streben nach neuen Ausdrucksformen. Cézanne sucht in den letzten Jahrzehnten des 19. Jahrhunderts nach einer Bildsprache, die, unabhängig von der unzuverlässigen Wahrnehmungsfähigkeit des menschlichen Auges, über das Verhältnis zwischen den Farben, Volumen und den verschiedenen Elementen der Komposition eine feste, unverrückbare Ordnung zu schaffen imstande ist.

⬈ Odilon Redon, *Mit geschlossenen Augen,* 1890, Paris, Musée d'Orsay. Lange Zeit war Redon mit seinen geheimnisvollen, beunruhigenden Bildern eine singuläre Erscheinung in der Kunstwelt, weit entfernt sowohl vom Impressionismus als auch von der offiziellen Malerei seiner Zeit.

◀ Paul Signac, *Die Straße nach Gennevilliers,* 1883, Paris, Musée d'Orsay. Seurat und Signac verband eine echte Künstlerfreundschaft. Beide vertraten die Ideen Chevreuls über die Wirkung der Farben in der visuellen Wahrnehmung, und beide waren auf der Suche nach strengen chromatischen Harmonien. Pissarro war begeistert von den Theorien der beiden jungen Künstler, die es ihm ermöglichten, die eigenen Empfindungen zu bändigen.

◀ Paul Signac, *Die Seine bei Herblay*, 1889, Paris, Musée d'Orsay. Am 9. Juni 1884 gründete Signac zusammen mit anderen Künstlern die »Société des Indépendants«, um gegen den Machtmißbrauch seitens der Jury des Salons vorzugehen. Die Gesellschaft bot den Künstlern die Möglichkeit, ohne Einschränkungen auszustellen.

▶ Georges Seurat, *Ein Sonntagnachmittag auf der Insel Grande Jatte*, 1884–86, Chicago, The Art Institute. Seurat konzentrierte sich auf die Farben und die geometrischen Grundstrukturen – was ihn eigentlich faszinierte, war das Phänomen der Wahrnehmung.

▼ Massimo Campigli, *Hommage an Seurat*. Campigli hatte eine Vorliebe für archaische Formen. Diese Hommage ist ein Zeugnis seiner Erfahrungen in Frankreich.

Der Pointillismus

In seiner 1839 veröffentlichten Arbeit *Das Gesetz des simultanen Kontrasts der Farben* erklärt Eugène Chevreul, daß sich die Komplementärfarben gelb und violett, blau und orange sowie rot und grün gegenseitig intensivieren, wenn sie einander gegenüberstehen – werden sie jedoch gemischt, dämpfen sie einander oder verschwinden sogar ganz. Georges Seurat legt diese Theorie dem von ihm begründeten Pointillismus zugrunde und überzieht die Leinwand mit einem Raster kleinster Punkte aus reinen Farben, die bei der Betrachtung im Auge verschmelzen.

Selbstbildnis mit Hut

Dies ist eines der erstaunlichsten Selbstbildnisse Cézannes. Wiederholt wurde es auf zahlreichen Ausstellungen gezeigt. Heute befindet sich das zwischen 1879 und 1882 gemalte Bild im Kunstmuseum in Bern.

◥ Dieses Detail ist vielleicht eine Reminiszenz an die Geschäftstätigkeit seines Vaters als Hutmacher und -händler in Aix. Hut und Bart verleihen dem Selbstporträt eine geradezu rabbinische Härte und Strenge, mit der Cézanne den Betrachter herauszufordern scheint.

◅ Cézanne, *Bildnis Joachim Gasquet*, 1896–97, Prag, Národní Galerie. In der Folge malte Cézanne weitere Porträts, bei denen er die Volumina immer mehr reduzierte. Er wagte sich dabei, wie in diesem Bildnis des Freundes Gasquet, an kühne Formen der Haltung, ohne eine wirkliche Balance und perspektivisch unklar.

◥ Der Blick, mit dem Cézanne sich selbst betrachtet, zählt zu den befremdlichsten seines ganzen Œuvres. 26 der insgesamt 46 Selbstbildnisse sind Ölgemälde, die anderen sind Arbeiten auf Papier. Die Häufigkeit des Themas ist möglicherweise auch auf seine Scheu zurückzuführen, mit professionellen Modellen zu arbeiten.

Schwierigkeiten mit dem Vater und Heirat mit Hortense

Je häufiger Cézanne sich im Süden aufhält, desto größer werden die Schwierigkeiten mit dem Vater. Louis-Auguste, der sich durch Umsicht, Tatkraft und Geschäftssinn aus dem Nichts ein Vermögen geschaffen hat, vermag die Lebensuntüchtigkeit und die beständigen Selbstzweifel seines Sohnes nicht zu begreifen. Im März 1878 hat er einen an Paul gerichteten Brief geöffnet und auf diese Weise von der Existenz des sorgsam verschwiegenen Enkels erfahren. Und er ist keinesfalls gewillt, Pauls illegitimes Verhältnis zu Hortense zu dulden, die er als Gattin eines Bankiersohns für ausgesprochen unpassend hält. Um Paul zur Raison zu bringen, kürzt Louis-Auguste seinen Monatswechsel auf einen Betrag, der gerade für einen alleinstehenden Mann ausreicht. Cézanne muß Zola um Unterstützung für Hortense und den kleinen Paul bitten. Erst nach beharrlichen Vorhaltungen Anne Cézannes, die ihren Sohn immer wieder verteidigt, stockt der Vater die monatliche Unterstützung wieder auf – obwohl Paul weiterhin hartnäckig leugnet. Alt, krank und müde geworden, stimmt der Vater schließlich schweren Herzens der Hochzeit mit Hortense zu, die am 28. April 1886 in Aix-en-Provence im Kreise der ganzen Familie stattfindet. Louis-Auguste stirbt am 23. Oktober 1886 im Alter von 88 Jahren.

Einer der letzten Briefe Cézannes an seinen Sohn Paul vom 29. Juli 1906. Paul junior war seinem Vater immer herzlich zugetan und unterstützte ihn in den letzten Jahren seines Lebens.

Cézanne, *Madame Cézanne,* 1888–90, Paris, Musée d'Orsay. Cézannes Schwester Marie schätzte Hortense zwar nicht, trat aber dennoch bei dem Vater für die Hochzeit ein. Die streng katholische Frau wußte von dem unehelichen Sohn und war überzeugt, daß die Ehe Paul auf den rechten Pfad zurückführen würde.

◄ Cézanne, *Gardanne*, 1885–86, New York, The Brooklyn Museum. Gardanne, 15 Kilometer außerhalb von Aix gelegen, diente – ebenso wie L'Estaque – Paul Cézanne und seiner Familie als Zufluchtsort vor den Anfeindungen des alten Vaters.

▼ Cézanne, *Ruhender Jüngling (Der Sohn von Cézanne)*, um 1882–87, Los Angeles, Hammer Museum of Art and Cultural Center. Paul mag um die dreizehn Jahre gewesen sein, als dieses Bild entstand. Er war scheu und zurückhaltend wie die Mutter und dem Vater seit früher Kindheit ein geduldiges Modell.

◄ In einem Brief an Zola schreibt Cézanne 1878 über den Vater: »Er hört von verschiedenen Leuten, daß ich ein Kind habe, und versucht mich durch jedes erdenkliche Mittel zu überrumpeln. ... Ich sage weiter kein Wort dazu ... der Schein trügt bei ihm, das kannst Du mir aufs Wort glauben.«

Kastanienbäume am Jas de Bouffan

Die Allee hinter dem Jas de Bouffan mündet in eine runde Einfriedung aus Kastanienbäumen. Dieses zwischen 1885 und 1887 gemalte Bild (Moskau, Puschkin-Museum) ist eines der ausgereiftesten Landschaftsbilder Cézannes.

➤ Cézanne, *Kastanienbäume am Jas de Bouffan im Winter*, 1885–86, Minneapolis, The Minneapolis Institute of Arts. Wie in der islamischen Kunst finden sich hier »komplizierte, ornamentale Linien, filigranartig und flüchtig« (Meyer Schapiro). Im Hintergrund erkennt man das Gebirgsmassiv Sainte-Victoire, das Cézanne häufig malte.

▲ Cézanne hat die Farbe in Schichten aufgetragen, in Wellen, die keiner Ordnung zu folgen scheinen. Das Stakkato der Pinselstriche läßt erkennen, daß der Künstler inzwischen sein Handwerk perfekt beherrscht und die Farben mit einer Kühnheit einsetzt, die noch kurze Zeit zuvor nicht denkbar gewesen wäre.

▶ Die geometrische Struktur der Gebäude des Jas de Bouffan ist durch die Bäume hindurch zu sehen, welche entlang der Mauerlinie zum Haus hin überleiten.

85

Der Bruch mit Emile Zola

Claude Lantier ist ein völlig talentloser Maler, dem es nicht gelingt, seine ehrgeizigen Träume zu verwirklichen. Das Chaos von Genie und Wahnsinn überwältigt ihn, am Ende bricht er zusammen und begeht Selbstmord. So die Geschichte, die Emile Zola in seinem Roman *L'Œuvre (Das Werk)* von 1886 erzählt, in dem er seine Kindheitserinnerungen, die Freundschaft mit den Impressionisten, die Salons, die ersten Versuche der Freilichtmalerei und zahlreiche autobiografische Einzelheiten aufleben läßt. Cézanne liest den Roman und glaubt zu erkennen, daß mit Claude Lantier er selbst gemeint sei. Für Cézanne, der hinter seinem einfachen und wenig eleganten Äußeren ein feinsinniges und sensibles Wesen verbirgt, bedeutet dies das Ende der alten Freundschaft mit Zola. Das »nicht zur Reife gekommene Genie« – so Zola über Lantier alias Cézanne – besiegelt dies mit einem höflichen, aber kalten Brief: »Ich danke dem Autor der *Rougon-Macquart* für dieses schöne Zeichen des Gedenkens und bitte darum, ihm in Erinnerung an längstvergangene Jahre die Hand drücken zu dürfen. Ganz der Deine unter dem Andrang verflossener Zeiten. Paul Cézanne.« Die beiden sehen sich nie wieder.

☑ Emile Zola. Theophile Silvestre beschrieb den Schriftsteller als gedrungen, von robuster Körpergestalt und sehr energisch.

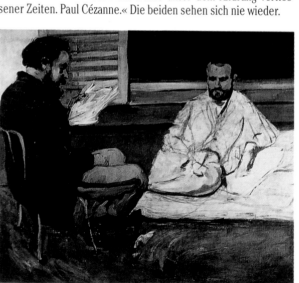

◀ Cézanne, *Paul Alexis trägt Emile Zola vor,* um 1869, São Paulo, Museu de Arte. Ambroise Vollard, der den Schriftsteller nach dem Bruch mit Cézanne zu Hause besuchte, bekam von Zola zu hören, Cézanne sei ein Genie, dem es an Willen mangele.

◀ Cézanne, *Die schwarze Uhr*, um 1870, Privatsammlung. Das Bild mit der zeigerlosen Uhr ist eines der zahlreichen Gemälde, die Zola von Cézanne besaß. Der Schriftsteller hielt es jedoch auf dem Dachboden seines Hauses in Médan unter Verschluß, »den Schlüssel dreimal umgedreht, geschützt vor mißgünstigen Blicken«.

Zola als Kunstkritiker

Emile Zola schreibt ab 1866 für die Tageszeitung »L'Evénement« Kunstkritiken. Sowohl mit der Jury des Salons, der er das Fehlen von Prinzipien vorwirft, als auch mit den dort ausgestellten Malern geht er sehr bissig um; er bezeichnet sie als Vertreter einer Kunst, die nichts als »ein verstümmelter Leichnam« sei. Selbst auf der Suche nach einem neuen Kunstbegriff, verfolgt er gespannt die Entwicklung der Impressionisten. Zola scheint die Prinzipien, auf denen Cézannes Kunst fußte, niemals wirklich erfaßt zu haben: »Er hatte den Geistesblitz. Aber auch wenn er das Genie eines großen Malers hatte, fehlte ihm ... der Wille, es auch zu werden.«

▼ Cézanne, *Haus mit rotem Dach (Jas de Bouffan)*, 1887–90, Privatsammlung. Die Jahre 1883 bis 1887 verbrachte Cézanne ausschließlich im Süden, in Aix, L'Estaque und Gardanne. Sein abgeschiedenes Leben stand in großem Kontrast zu der mondänen Welt, in der Zola lebte.

1880–1890

Harlekin

Gegen 1888 wendet sich Cézanne nach mehr als zwanzig Jahren Stilleben, Landschaften und Porträts mit diesem Harlekin wieder der menschlichen Ganzfigur zu. Das Bild ist im Besitz der National Gallery in Washington.

◄ Cézanne, *Pierrot und Harlekin,* 1888, Moskau, Puschkin-Museum. Cézanne war begeistert von der Commedia dell' Arte; hier hat er seinen Sohn Paul im Kostüm des Harlekin und dessen Freund Louis Guillaume als Pierrot gemalt.

► Cézanne, *Harlekin,* um 1888, Chicago, The Art Institute. Diese Vorstudie zu einem Harlekin ist detailliert ausgeführt. Möglicherweise nahm Cézanne anstelle eines lebenden Modells eine Marionette oder eine Gliederpuppe zu Hilfe.

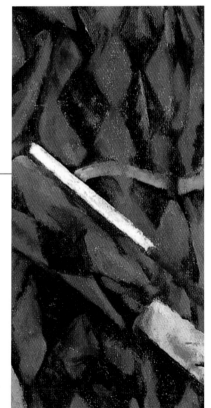

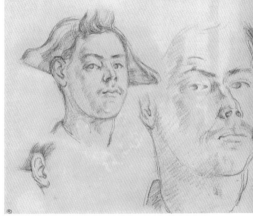

◄ Die virtuose Maltechnik wird vor allem im hell leuchtenden Rautenmuster des roten Kostüms erkennbar, das einen Kontrast zur weißen Pritsche bildet. Das ungewöhnliche Bild machte großen Eindruck auf die nachfolgende Künstlergeneration.

▲ Cézanne, *Studien für Pierrot und Harlekin,* Paris, Musée du Louvre, Cabinet des Dessins. Die Lebendigkeit des Ausdrucks und die Intensität des Blicks, die Sohn Paul auf der Skizze ausstrahlt, sind im Gemälde zur Maske des Harlekin abstrahiert.

Die Symbolisten

In den achtziger und neunziger Jahren des 19. Jahrhunderts gerät der Impressionismus in eine Krise. Künstler und Publikum empfinden das Bedürfnis nach einer künstlerischen Ausdrucksform, die dem um sich greifenden Positivismus und Materialismus etwas entgegensetzt. Mit dem Symbolismus besinnt man sich auf die Kunst der Romantik der ersten Jahrhunderthälfte. Eine Synthese zwischen allen künstlerischen Gattungen wird gesucht, von der Malerei bis zur Poesie, von der Musik bis zur Literatur. Das Phänomen ist zwar in ganz Europa zu beobachten, Frankreich übernimmt jedoch noch einmal die führende Rolle. Hier durchzieht die ästhetische Debatte sämtliche literarischen und philosophischen Schriften. Kopf der Bewegung ist Paul Gauguin, der laut Maurice Denis um 1890 die Stellung einnimmt, die Manet in den siebziger Jahren innehatte. Wie Cézanne sucht auch Gauguin die Abgeschiedenheit und läßt sich in Pont-Aven in der Südbretagne nieder. Im rauhen Atlantikklima malt man nicht nach und in der Natur, sondern nach dem Gedächtnis – in ihm bleibt eine essentielle Vorstellung haften, die durch aufmerksames Studium der Farben Form annimmt. Die Farben sind es dann letztendlich, die den Bildern Symbolkraft verleihen.

☑ Emile Bernard, *Stilleben mit Tonkrug und Äpfeln*, 1887, Paris, Musée d'Orsay. Wie Gauguin bevorzugte Bernard, der auch Stoffmuster und Gläser entwarf, eine weich geschwungene und dekorative Linie, ganz im Gegensatz zu den schroffen und expressiven Konturen, die sich in den Bildern van Goghs aus dieser Zeit finden.

▶ Paul Gauguin, *Stilleben mit japanischem Holzschnitt*, Teheran, Museum für Moderne Kunst.

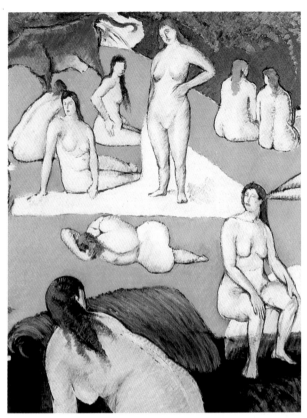

◤ Emile Bernard, *Baden-de mit roter Kuh*, 1889, Paris, Musée d'Orsay. Gauguin und Bernard experimentierten mit dem Cloisonnismus, einer Malweise, bei der aneinandergrenzende reine Farben durch geschlossene Konturen voneinander abgegrenzt werden, ähnlich der Cloisonné-Technik in der Emailkunst.

▼ Paul Gauguin, *Der grüne Christus (Bretonischer Kalvarienberg)*, 1889, Brüssel, Musées Royaux des Beaux-Arts. Diese Christuspassion im Stil der altertümlichen Volkskunst spiegelt eine existentielle Grundstimmung des Leidens wider.

Exotismus und Primitivismus

Im Verlauf des 19. Jahrhunderts erreicht der koloniale Imperialismus seinen Höhepunkt, gleichzeitig wächst das Interesse an außereuropäischen Kulturen. Kunst- und Kultgegenstände aus Afrika, Asien und Amerika finden begeisterte Aufnahme in Europa. Die Künstler hier sind auf der Suche nach archaischen Wurzeln, Ursprüngen, die sie auch durch die Rückbesinnung auf eigene künstlerische Traditionen wiederfinden. Auf dieser Grundlage entstehen die Strömungen des Exotismus und des Primitivismus. Gauguin begibt sich auf die Suche nach dem »verlorenen Paradies«, das Kunst und Leben vereinen soll.

Renoir bei Cézanne

Auguste Renoir (1841–1919) ist seit 1863 mit Cézanne befreundet, doch erst während ihrer reifen Schaffensperiode wird die Verbindung zwischen den beiden Malern enger. Anfang 1882, auf der Rückkehr von einer Italienreise, besucht Renoir Cézanne in L'Estaque. Fasziniert von der Landschaft, beschließt er, seinen Aufenthalt zu verlängern, um *en plein air* zu malen. Er bewundert Cézanne, der unerschütterlich seinen eigenen Weg verfolgt. Zusammen mit dem Freund malt Renoir nun in einem für ihn ganz neuen Stil Landschaften von außergewöhnlicher Strenge. Die Pinselstriche werden konstruktiver und wollen nicht mehr nur die »Impression« wiedergeben; statt dessen entstehen beeindruckende durchkomponierte Bilder. »In Paris muß man sich mit wenig Sonne begnügen«, schreibt Renoir. »Raffael, der nie im Freien arbeitete, studierte dennoch sorgsam das Sonnenlicht, denn seine Fresken sind erfüllt davon. Durch das ständige Betrachten der Landschaft habe ich die Unwichtigkeit kleiner Details erkannt, die der Sonne ihren Glanz nehmen, statt sie zum Leuchten zu bringen.« In den folgenden Jahren, bis 1889, wird Renoir immer wieder gemeinsam mit Cézanne arbeiten.

▼ Cézanne, *Das Gebirgsmassiv Sainte-Victoire*, 1888–89, Baltimore, Museum of Art. Cézanne liebte diesen Berg und malte ihn nach seinem »inneren« Eindruck, wobei er vor allem die Plastizität herausarbeitete.

▲ Auguste Renoir, *Selbstbildnis*, 1889, Williamstown, Sterling and Francine Clark Art Institute.

◀ Cézanne, *Die Bucht von Marseille von L'Estaque gesehen*, 1886–90, Chicago, The Art Institute. Für Renoir war die Zusammenarbeit mit Cézanne von großer Bedeutung, und vielleicht hätte er die Ansicht Meyer Schapiros geteilt, der über diese Landschaft sagte: »Wunderbarer Friede und Kraft strömen von diesem Werk aus – das wirkliche Lebensgefühl des Mittelmeers ...«

▼ Auguste Renoir, *Das Gebirgsmassiv Sainte-Victoire*, New Haven, Yale University Art Gallery. Im Unterschied zu Cézanne konzentriert sich Renoir auf den »äußeren« Eindruck, indem er die atmosphärischen Wirkungen des Lichts und die Oberfläche der Gegenstände hervorhebt.

Die Weltausstellungen

Die Weltausstellungen in der zweiten Hälfte des 19. Jahrhunderts sprechen ein breites Publikum an. Es sind festliche Anlässe mit geradezu symbolischer Bedeutung, weil sie Gelegenheit bieten, sich ausführlich mit den neuen Ideen im Bereich von Wissenschaft und Technik, von Kunst und Architektur zu beschäftigen. Insgesamt steht jedoch die Architektur im Vordergrund, vor allem bei den Ausstellungsgebäuden selbst, die zumeist nicht auf Dauer errichtet werden. Eisen und Glas sind die neuen Materialien: in Serie gefertigte gußeiserne Formteile verringern die Bauzeiten erheblich, und die großräumige Verwendung von Glas ermöglicht das Einströmen nie gekannter Lichtfluten in die neuen Bauwerke. Die Weltausstellungen finden zumeist in den Zentren europäischer Großstädte statt, die Besucher strömen in Massen herbei und zwingen somit die Veranstalter, eine verbesserte Infrastruktur – neue Hotels, Eisenbahn- und Metroverbindungen – zu schaffen. Im Vergleich zu den Museen sind die Ausstellungen aufgrund des hohen Aufwandes bald im Nachteil.

☑ Henri Gervex, *Die Jury des Salons,* 1885, Paris, Musée d'Orsay, gezeigt anläßlich der Weltausstellung 1889 in Paris. Gegen Ende des 19. Jahrhunderts kam in ganz Europa eine neue Ästhetik auf, die auch in Industrieprodukten eine formale Qualität entdeckte.

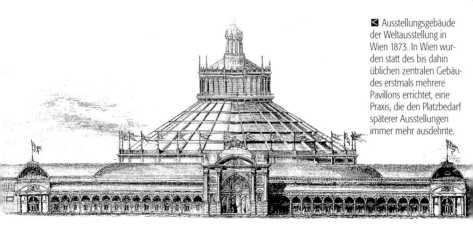

◣ Ausstellungsgebäude der Weltausstellung in Wien 1873. In Wien wurden statt des bis dahin üblichen zentralen Gebäudes erstmals mehrere Pavillons errichtet, eine Praxis, die den Platzbedarf späterer Ausstellungen immer mehr ausdehnte.

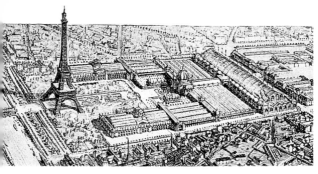

◄ Paris, Weltausstellung 1889. Mit dem Bau des Eiffelturms zur Weltausstellung von 1889 wurde die hundertste Wiederkehr des Sturms auf die Bastille gefeiert. Der eiserne Turm war zur Zeit seiner Erbauung heftig umstritten.

▷ Das Machinery Building der Weltausstellung von Philadelphia 1876 in einem zeitgenössischen Druck. Die erste Weltausstellung in Amerika fand 1853 in New York statt.

▽ Blick auf die Weltausstellung von 1867 auf dem Marsfeld in Paris. Die Weltausstellungen in Frankreich stellten im Gegensatz zu den anderen Ländern den künstlerischen Bereich in den Vordergrund.

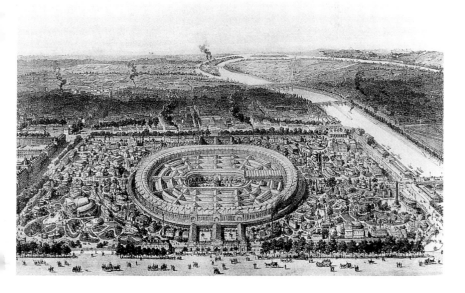

Stilleben mit Früchtekorb

Dieses um 1889 gemalte Bild im Besitz des Musée d'Orsay in Paris ist eines der wenigen, die Cézanne signierte (am unteren rechten Bildrand). Das Stilleben ist aus ungewöhnlich vielen einzelnen Elementen komponiert.

◄ Den blau-violetten Krug mit Netz malte Cézanne sehr oft; als Joachim Gasquet das Stilleben im Atelier des Künstlers sah, hielt er das Weidengeflecht zunächst für eine aufgemalte Dekoration. Von einem Tisch links im Bild hängt der Griff eines Futterals herab. Weiterhin sind die bereits vertrauten Gegenstände zu sehen: eine Zuckerdose, eine schneeweiße Tischdecke, Äpfel und Birnen.

⌃ Beim Arrangement der Gegenstände, die aus unterschiedlichen Blickwinkeln dargestellt sind, blieb nichts dem Zufall überlassen. Der große Früchtekorb aus Weidengeflecht scheint bedenklich nach hinten über die Tischplatte hinauszuragen.

➤ Pablo Picasso, *Obstschale und Brot auf einem Tisch*, 1908, Basel, Kunstmuseum. Picasso, der Cézanne im Hinblick auf sein frühes künstlerisches Schaffen viel zu verdanken hatte, würdigte die »Unruhe« des Provenzalen mit diesem Stilleben.

◄ Cézanne verzichtet auf die traditionelle einheitliche Perspektive und wählt unterschiedliche Blickpunkte. Der Krug bietet sich aus einem anderen Blickwinkel dar als die Gegenstände um ihn herum.

97

1880–1890

Der Aufschwung des Kapitalismus und die Bilder des Sozialismus

In der zweiten Hälfte des 19. Jahrhunderts setzt sich, wenn auch in unterschiedlicher Form, in Ländern wie England, Frankreich, Deutschland, Rußland, den Vereinigten Staaten und Japan der moderne industrielle Kapitalismus immer mehr durch. Diese Entwicklung wird insbesondere in den achtziger und neunziger Jahren des 19. Jahrhunderts von der Nutzung der Elektrizität, neuer Rohstoffe wie dem Erdöl und neuer technischer Verfahren aus der wissenschaftlichen Forschung vorangetrieben. Der Einsatz von Maschinen und Düngemitteln in der Landwirtschaft und die Fortschritte in der Medizin, vor allem bei der Vorbeugung gegen Krankheiten, begünstigen das Bevölkerungswachstum, wodurch neue Arbeitskräfte für die Industrieproduktion zur Verfügung stehen. Der Hochkapitalismus erzeugt einerseits ein prosperierendes Bürgertum, andererseits aber auch eine deutliche Zunahme des Industrieproletariats. Nach der Pariser Kommune und dem Scheitern der Ersten Internationalen 1876 gewinnen die sozialistischen Parteien in Europa immer mehr an Bedeutung.

▼ Claude Monet, *Die Terrasse von Saint-Adresse*, 1867, New York, Metropolitan Museum of Art. Viele Schriftsteller nahmen sich die Krise des Großbürgertums und der Aristokratie zum Thema, jener Schichten, die der Gesellschaft des 19. Jahrhunderts ihren Stil und ihre Werte aufgezwungen hatten.

▲ Honoré Daumier, *Die Wäscherin*, 1863, Paris, Musée d'Orsay. In Motiven wie diesem fängt Daumier den Augenblick ein.

Constantin Meunier, *Abtransport eines defekten Schmelztiegels, Glashütte im Tal von Saint-Lambert,* um 1884, Brüssel, Musées Royaux des Beaux-Arts, Musée Constantin Meunier. Meunier verleiht einem Motiv, das bis dahin als »vulgär« gegolten hatte, seine eigene Würde.

Auguste Renoir, *Auf der Terrasse,* 1881, Chicago, The Art Institute. Renoir malte dieses Bild auf der Terrasse des Restaurants Fournaise in Chatou. Die Schauspielerin Jeanne Darland von der Comédie Française stand ihm hierfür Modell.

Robert Koehler, *Der Sozialist,* Berlin, Staatliche Museen. Trotz der internen Auseinandersetzungen erlebten die sozialistischen Parteien einen ungeahnten Zulauf; ihre Organisationen wurden immer stärker und bestimmten bisweilen sogar einen nicht unbedeutenden Teil der Politik.

Die blaue Vase

Dieses um 1885 bis 1887 gemalte Bild (im Besitz des Pariser Musée d'Orsay) ist eines der originellsten und zugleich bekanntesten Stilleben Cézannes: eine Vase aus blauem Glas mit weitem Hals steht auf hellem Untergrund.

◣ Die Blumen sind nur schwer zu erkennen, offensichtlich handelt es sich aber um violette Iris, umgeben von anderen Blumen, darunter Alpenveilchen und Geranien. Im Gegensatz zu seinen Künstlerkollegen interessierte sich Cézanne nie besonders für derartige Motive.

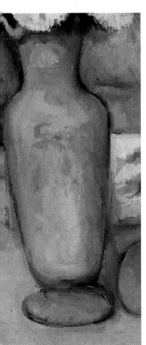

▶ Henri Matisse, *Das blaue Fenster*, 1913, New York, The Museum of Modern Art. Die schattenlosen Gegenstände auf diesem Fensterbild von Matisse mit seiner mystisch anmutenden Atmosphäre erinnern an die Stilleben Cézannes.

◣ Die blaue Vase hebt sich vor dem weißen Teller ab und scheint einen Lichtstrahl zu reflektieren, der aus der Blickrichtung des Betrachters kommt. Sie verschmilzt mit dem Blau der Wand, als wolle sie vollkommen darin eintauchen. Die Wirkung des von vorn auftreffenden, gleichsam spektralen Lichts ist sehr intensiv.

▶ Die Äpfel liegen genau in einer Flucht, einer berührt fast die Vase, die beiden anderen, am Bildrand, liegen dicht nebeneinander. Im Hintergrund steht neben dem weißen Teller eine kleine Flasche mit Etikett. Die Harmonie der Farben ist bewundernswert.

Die Badenden

Sein ganzes Leben lang skizziert Paul Cézanne in seinem Album immer wieder männliche Akte, aber erst in den letzten Jahren seines Schaffens gelangen seine Studien des menschlichen Körpers zu voller Reife. In den Bildern ist deutlich zu erkennen, daß Cézanne versucht, die akademischen Lehren und das Ideal der antiken Skulptur in seine Arbeit einzubeziehen. Das Kopieren antiker Skulpturen ist für ihn weit mehr fundamentale Übung als die Zeichnung nach dem menschlichen Modell, die er ohnehin bald einstellt. Bei den männlichen Badenden bleiben die Kompositionen – im Vergleich zu den Badeszenen mit Frauen – eher konstant; sie scheinen konventioneller und in die Distanz gerückt, auch wenn Cézanne in diesen Jahren versucht, dem umgebenden Raum mehr Tiefe und den Figuren Bewegung zu geben. Das Thema ist vielleicht von Jugenderinnerungen Cézannes inspiriert, als er mit seinem Freund Zola zum Schwimmen ging und die herrliche Landschaft der Provence durchstreifte.

◪ Cézanne, *Bellona* (nach Rubens), 1879–82, Privatsammlung. Diese Haltung mit der durch den erhobenen Arm sich ergebenden Torsion des Oberkörpers hat den Maler immer fasziniert. Die Pose ist besonders ausdrucksvoll, stark und voller Würde.

◪ Cézanne, *Badende an einem Felsen*, um 1867–69, Norfolk (Virginia), The Chrysler Museum.

➤ Cézanne, *Der große Badende*, um 1885, New York, The Museum of Modern Art. Der Ausdruck dieser monumentalen Einzelfigur eines badenden Jünglings wirkt angesichts des Themas irritierend. Die Kopfhaltung und der in sich gekehrte Blick zeigen an, daß der Badende ganz in seine Gedanken versunken ist.

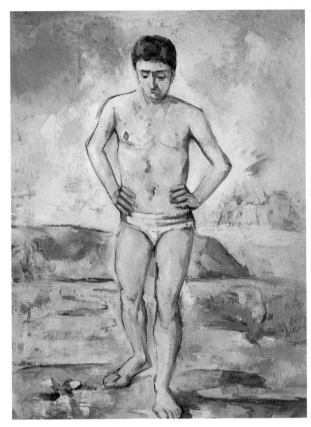

▼ Cézanne, *Badende*, um 1890, Paris, Musée d'Orsay. Dieses Bild steht in seiner Aussage gewissermaßen außerhalb der Dimension der Zeit – nackte Figuren, eingebunden in die sie umgebende Natur, ein Traum vom irdischen Paradies? Die Badenden scheinen in größter Bewegung aufeinander zu reagieren, was sich aber eigentlich abspielt, bleibt rätselhaft.

➤ Pablo Picasso, *Akrobat und Jongleuse*, 1905, Moskau, Puschkin-Museum. Die Forderung Cézannes, die »Natur nach Zylinder, Kugel und Kegel zu behandeln«, hat in diesem Bild von Picasso schon Früchte getragen: die Figuren wirken ungemein fest, wie in Stein gemeißelt.

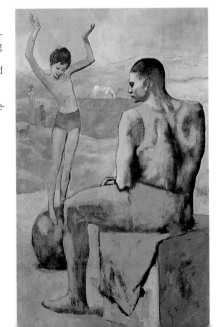

103

Die erste Einzelausstellung

▶ Cézanne, *Selbstbildnis*, 1878–80, Washington, Phillips Collection. Dieses Bild gehörte zur großen Sammlung Vollards. Der Händler hatte einen guten Geschäftssinn und zog von Anfang an die preiswerten Werke junger Künstler vor. Vollard hatte keine Eile, zu verkaufen, und auch keine Skrupel, das Kapital gleich wieder zu investieren.

Nach dem Tod des Pariser Farben- und Kunsthändlers Père Tanguy 1894 wird dessen Besitz versteigert, darunter auch sechs Bilder von Cézanne. Tanguy war bis dahin der einzige gewesen, der Cézannes Bilder zum Verkauf angeboten hatte. Durch die Vermittlung Pissarros wird nun der junge Ambroise Vollard auf Paul aufmerksam. Vollard besitzt eine Galerie in der Rue Laffitte, dem Zentrum des Handels mit zeitgenössischer Kunst, und er folgt im allgemeinen den Ratschlägen Pissarros und Degas'. Cézanne lebt seit zwanzig Jahren völlig zurückgezogen und nimmt an keiner Pariser Ausstellung mehr teil. Doch als Vollard mit ihm Kontakt aufnimmt, schickt Cézanne ihm 150 Bilder, und im Herbst 1895 wird seine erste Einzelausstellung eröffnet. Im Gegensatz zu den Kritikern begrüßen ihn die Kollegen wie einen Meister. Pissarro schreibt: »Die einzigen, die sich diesem Bann entziehen, sind gerade die Künstler oder Sammler, die uns durch ihre Irrtümer bewiesen, daß ihnen der Sinn dafür abgeht. Wie Renoir richtig bemerkte, gibt es irgendeine Beziehung zu den verwitterten, wundervollen Malereien von Pompeji.«

▼ Maurice Denis, *Huldigung an Cézanne*, 1900, Paris, Musée d'Orsay. Cézanne war von diesem Bild sehr bewegt. Der Sinn ist klar: Die fehlende offizielle Anerkennung wird durch die immer größer werdende Zahl von Anhängern wettgemacht, wodurch eine neue Ära in der Kunst eingeläutet wird.

◤ Cézanne, *Vier Badende*, 1879–82, Rotterdam, Museum Boymansvan Beuningen. Vollard schmückte mit dieser Zeichnung die Einladungen zu einer seiner Ausstellungen mit Werken Cézannes. Ausstellungen bei Vollard waren für die Verbreitung der Werke van Goghs, Gauguins, Matisse', Picassos und anderer von größter Bedeutung.

☑ Vincent van Gogh, *Père Tanguy*, 1887–88, Privatsammlung. Der legendäre Tanguy begann als Farbenverkäufer und förderte zahlreiche Maler. Er war von Cézanne sehr beeindruckt und wurde sein Kunsthändler.

➤ Pablo Picasso, *Bildnis Ambroise Vollard*, 1915, Moskau, Puschkin-Museum. Wie viele andere Künstler, darunter auch Cézanne, malte Picasso den immer etwas ungepflegt wirkenden Kunsthändler mit finsterer Miene, hoher, gewölbter Stirn und gesenktem Blick. Vollard organisierte 1901 die erste Ausstellung des jungen Picasso.

Orient und Antike

In den letzten Jahrzehnten des 19. Jahrhunderts wird die Kunst des Orients in Europa bekannt und inspiriert viele Künstler. Im Gefolge der Weltausstellung von 1867 verbreitet sich die Mode des Japonismus in ganz Frankreich. Künstlerische und kunsthandwerkliche Objekte aus Japan finden Eingang in die Ateliers; die Künstler sammeln Porzellan, Drucke, Kleidung und Kimonos, die in ihren Bildern als Detail, häufiger auch als Hauptmotiv erscheinen. Dieses Interesse ist nicht ausschließlich eine Modeerscheinung, vielmehr finden die Künstler hier Anregungen für neuartige kompositorische Lösungen. Besonders fasziniert sie an den japanischen Drucken, daß die Motive häufig vom Rahmen überschnitten werden. Cézanne interessiert sich hierfür nur am Rande, ähnlich wie Renoir, der es vorzieht, die orientalischen Motive im Werk von Delacroix zu studieren. Georges Rivière bezeichnet Cézanne als einen »Griechen der Belle Epoque« und unterstreicht in seiner Biographie, wie dessen erste Besuche im Louvre seine Liebe zur Kunst der Antike festigen, von der er niemals abläßt. »Im Denken des jungen Künstlers«, schreibt Rivière, »entwickelte sich eine allgemeine Kunsttheorie von unantastbarer Logik, die fest im Studium der Meister begründet war.«

◀ Piero della Francesca, *Ansicht der Stadt Arezzo*, Ausschnitt aus dem Freskenzyklus der *Kreuzlegende*, 1466, Arezzo, San Francesco. Pieros Bild erinnert an Cézannes Ansichten der Häuser von L'Estaque.

▶ Cézanne, *Sterbender Sklave* (nach Michelangelo), um 1900, Philadelphia, Museum of Art. Ein Beispiel für seine Auseinandersetzung mit der Skulptur Michelangelos.

◣ Cézanne, *Das Gebirgsmassiv Sainte-Victoire von Les Lauves aus gesehen,* 1904 – 06, Kansas City, The Nelson-Atkins Museum of Art. Durch seine ständigen Experimente mit den farblichen Harmonien sind die Konturen in Cézannes Bildern nicht randscharf, sondern aufgebrochen. Man sieht, wie er seine inneren Konflikte mit den Ausdrucksformen der Malerei in Einklang zu bringen versuchte.

◥ Katsushika Hokusai, *Der Fudschijama bei schönem Wetter,* um 1830. Die Holzschnitte von Hokusai begeisterten die europäischen Künstler auf Anhieb. Insbesondere Pissarro, der sich schon immer für graphische Verfahren interessiert hatte, bewunderte die technischen Lösungen.

◣ James Abbott McNeill Whistler, *Die Prinzessin im Land des Porzellans,* 1865, Washington, Smithsonian Institution Freer Gallery of Art. Whistler war fasziniert von japanischer Kunst und ein Sammler von Japonica. Weißblaues Porzellan oder japanische Kleidung erwarb in einem Geschäft in der Rue de Rivoli, das die Eheleute Desoye nach einem langen Japanaufenthalt eröffnet hatten.

Stilleben mit Putto

Es ist nicht bekannt, wer diese Statuette geschaffen hat; ebensowenig weiß man über ihren Verbleib. Das 1894–1895 gemalte Bild befindet sich heute im Nationalmuseum in Stockholm.

◣ Cézanne »holt drei Stilleben hervor ... sie strahlen warm, tief, lebendig, wie ein übernatürliches Stück Mauer und doch ganz verwurzelt in der alltäglichsten Wirklichkeit« (Joachim Gasquet).

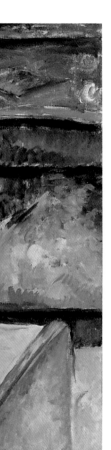

 Cézanne, Drei Studien nach dem Gipsabguß eines Putto (1890–1904), zwei davon aquarelliert. Vermutlich handelt es sich nicht um Vorstudien für das Ölgemälde, sondern um eigenständige Skizzen, die das Problem der Torsion des menschlichen Körpers behandeln.

 Cézanne, *Stilleben mit Putto,* um 1895, London, Courtauld Institute Galleries. Cézanne setzt hier bewußt ein Hochformat ein in der Absicht, die in leichter Untersicht gesehene Statuette zu monumentalisieren.

 Cézanne, *Stilleben mit Äpfeln und Orangen,* 1895–1900, Paris, Musée d'Orsay. Zumeist arrangierte Cézanne seine Stilleben auf schlichten weißen Tischdecken, nur der Putto ist vor schimmerndem Damast in Szene gesetzt.

111

Die Kartenspieler

D ie Serie der Kartenspieler entsteht zwischen 1890 und 1896. Die in sich ruhenden Figuren, die Cézanne auf diesen Bildern malt, sind auf einen beinahe maskenhaften Typus reduziert; fast wirken sie wie Gegenstände auf einem Stilleben. In ihrer Haltung starr, in ihrer Mimik unbewegt, nehmen sie keinen Kontakt mit dem Betrachter auf. Es scheint, als hätte Cézanne nicht in ihr Inneres eindringen können. Gerade hier kann man erkennen, wie sich Cézanne von traditionellen Darstellungsweisen dieses Motivs radikal abwendet. Ursprünglich stellten solche Szenen entweder das harmlose Vergnügen und den Zeitvertreib beim Kartenspielen dar, oder aber die Sucht nach dem Spiel, die Habgier und den Betrug. Nichts davon ist auf den Bildern Cézannes zu sehen: Seine Spieler sind völlig in die Karten vertieft und zeigen keinerlei Regung – ganz im Gegensatz zum wahren Leben der provenzalischen Bauern, deren Spiel gesellig und lärmend ist. Cézanne stellt diese Szenen der scheinbar emotionslosen Konzentration in einer Form dar, die seinem eigenen Wesen gemäß ist.

◩ Cézanne, *Bauer mit blauer Jacke,* 1892 oder 1897, Fort Worth, Texas, Kimbell Art Museum. Das nur schwer zu datierende Bild zeigt, daß Cézanne im Salon des Jas de Bouffan auch Bauern malte, die auf dem Landgut arbeiteten.

◩ Cézanne, *Raucher mit aufgestütztem Arm,* 1891–92, Mannheim, Städtische Kunsthalle. Sehr raffiniert ist die Abstufung der Farben von den verschiedenen Blautönungen zu einem hellen Lila.

◩ Cézanne, *Kartenspieler,* 1890–92, Privatsammlung. Die Zeichnung lebt von den Hell-Dunkel-Effekten, die den Körper des Mannes modellieren, während der Raum selbst undefiniert bleibt.

◤ Cézanne, *Zwei Kartenspieler*, 1892–95, Paris, Musée d'Orsay. In einem Brief äußerte Cézanne, daß er niemals mit mehreren Modellen gleichzeitig arbeite. Er ziehe es vor, zunächst Einzelstudien anzulegen, um diese dann später in einer Komposition zusammenzufügen.

▶ Cézanne, *Die Kartenspieler,* 1892, New York, Metropolitan Museum of Art. Roger Fry äußerte über Cézannes Figurenkompositionen: »Nach den großen frühen Italienern ... ist dies wieder ein Werk, das seinen inneren Mittelpunkt gefunden hat, den es nie wieder verlieren wird.«

Frau mit Kaffeekanne

Frisur, Hände und Kleid der Frau verleihen dem Bild Würde und Monumentalität. Die Kaffeekanne und die Tasse heben sich vor dem streng gegliederten Hintergrund ab. Das um 1895 gemalte Bild hängt heute im Musée d'Orsay in Paris.

☑ Der Löffelstiel betont die Vertikaltendenz der Komposition, die sich kaum in die Tiefe entwickelt. Cézannes Raumauffassung beeinflußte nachhaltig die Maler des Kubismus.

▷ Cézanne, *Madame Cézanne im roten Kleid*, 1893–95, New York, Metropolitan Museum of Art. Das Porträt der *Frau mit Kaffeekanne* ähnelt im Aufbau diesem von Madame Cézanne. Neben Hortense, die eine Rose in der Hand hält, sieht man einen bunten Vorhang.

▷ Cézanne, *Sitzende Frau*, um 1895, Sammlung Jan und Marie-Anne Krugier-Poniatowski. Das blaue Kleid, die Frisur und das ausgeprägte Kinn der Frau lassen vermuten, daß dieses Aquarell im gleichen Zeitraum und nach dem gleichen Modell gemalt wurde wie die Frau mit der Kaffeekanne.

»Der Tod ist nicht länger absolut« – Der Kinematograph

Am 28. Dezember 1895 wird der Kinematograph im Indischen Salon des Pariser Grand Café erstmals der Öffentlichkeit vorgestellt. Der exzentrische Fotograf Antoine Lumière hatte zusammen mit seinen Söhnen Auguste und Louis eine Technik zur Zerlegung der Bewegung in eine Reihe von Momentaufnahmen erfunden. Wenig später entstehen regelrechte Filmkameras, wenn auch in sehr einfacher Form. Die ersten Vorführungen finden noch in privatem Rahmen statt, bald aber sucht man ein großes und vor allem zahlendes Publikum. Der

⟋ *Kinematograph, Aquarell, vermutlich von J. Chéret, 1896, Turin, Museo Nazionale del Cinema.* Der Anblick einer auf sie zukommenden Lokomotive erschreckte die ersten Zuschauer.

Erfolg kommt quasi über Nacht: Die ersten Zuschauer sind wie benommen davon, daß sich vor ihnen nicht eine Theateraufführung, sondern scheinbar das reale Leben abspielt. So schreibt ein Journalist in diesen Tagen: »Wenn sich der Gebrauch solcher Apparate bei den Leuten durchsetzen sollte und sie ihre Lieben dann nicht mehr in starrer Position, sondern in Bewegung ... aufnehmen können, so ist der Tod nicht länger absolut.«

⟋ *Der Versuch, eine Flasche zu öffnen,* Litographien für eine Laterna magica, 1800, Paris, Cinémathèque Française. Anfangs wurden solche Vorlagen noch gezeichnet, später setzte man Farblitographien oder Fotos ein.

⟍ Affen schauen in einen Guckkasten, Druckgraphik, England, erste Hälfte des 18. Jahrhunderts, Turin, Museo Nazionale del Cinema. Vor der Zeit des Kinos amüsierten sich die Kinder bei Volksfesten damit, einen Blick in einen »magischen Kasten« zu werfen, in dem der Vorführer bewegte Bilder zeigte, die er mit Kerzen erleuchtete.

⟍ *John C. Rice küßt May Irwin,* Edison Film, Paris, Cinémathèque Française. Vielleicht war dies der erste Filmkuß überhaupt, hier als einziges Thema des 16 Meter langen Films. Wie sollte man da nicht an Rodolfo Valentino denken, den legendären Helden des romantischen Films?

▶ Illustration für den Gebrauch einer Camera obscura zur Beobachtung einer Sonnenfinsternis, 1544. Schon die uralten chinesischen Schattenspiele könnte man als »Vorläufer« des Kinematographen bezeichnen. Im engeren Sinne aber liegen die Ursprünge der Fotografie und damit auch des Kinos wohl bei den Studien zur Camera obscura von Leon Battista Alberti und Leonardo da Vinci.

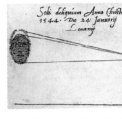

◀ Der Kinematograph der Lumières, englisches Werbeplakat. Seit den ersten Vorführungen lief das Kinematographen-Geschäft in London mit großem Erfolg und brachte dem Organisator und Freund der Brüder Lumière, Félicien Trewey, hohe Einnahmen.

▼ *The dream of a rarebit fiend,* Film von E. S. Porter, Edison, 1906, London, British Film Institute. Der äußerst populäre komische Kurzfilm orientierte sich an den Bildstreifengeschichten. Hier die Darstellung des Alptraums eines Mannes, der zuviel getrunken hat.

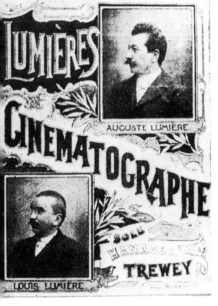

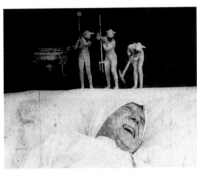

Bildnis Gustave Geffroy

Das Bildnis des Kritikers in seinem Arbeitszimmer ist ein bewährter Porträttypus. Manet malte Zola und Degas den Kritiker Duranty auf sehr ähnliche Weise. Das 1895–1896 zu datierende Bild hängt heute im Pariser Musée d'Orsay.

⊿ Die Bücherwand als Attribut des Intellektuellen dient Cézanne in erster Linie zur Schaffung von Räumlichkeit und Plastizität. Die Bücher stehen senkrecht, hinter dem Kopf Geffroys schräg, wobei durch die farbliche Differenzierung die komplexen Kompositionsstrukturen anschaulich werden. Mehr noch als von den Büchern im Regal wird der Aufbau des Bildes von den Blättern und aufgeschlagenen Heften bestimmt, die im Vordergrund auf dem Tisch liegen.

⊿ Das Gesicht und die Hände sind kaum ausgearbeitet, zum Teil, weil das Bild unvollendet blieb, vielleicht aber auch, weil der religiöse Cézanne eine Abneigung gegenüber dem freigeistigen Atheisten Geffroy hegte. Nach Aussage Gasquets verwandelte sich die leichte Irritation mit der Zeit in richtige Feindseligkeit.

◄ Auf dem Tisch sind Blätter, Bücher, das Tintenfaß, eine künstliche Rose (die vermutlich Cézanne mitgebracht hatte) und eine Statuette von Rodin zu sehen. Geffroy war der erste, der sich in einer landesweit erscheinenden Zeitschrift, dem »Journal«, wohlwollend über Cézanne geäußert hatte.

Das »Wunderjahr« 1905 – Einstein und die Relativitätstheorie

»**E**s gibt nichts, woran man sich im Universum festhalten kann – soweit wir wissen«, schreibt ein Unbekannter, und Einstein fügt hinzu: »Gelesen und bestätigt.« Die von Albert Einstein 1905 ausgearbeitete Relativitätstheorie macht den Weg frei für tiefgreifende philosophische Überlegungen, die auch im nicht-wissenschaftlichen Umfeld ein großes Echo hervorrufen. Eine einzige Theorie verbindet Licht und Materie und somit auch Raum und Zeit: Zwei Ereignisse, die dem Reisenden im Zug gleichzeitig erscheinen, sind es nicht für eine Person, die den Zug vorbeifahren sieht; diese nimmt die beiden Ereignisse nacheinander wahr. Wer von beiden hat recht? Beide, sagt Einstein. Über den »Mythos« Einstein schreibt Roland Barthes : »... in ihm finden sich alle gnostischen Themen wieder: die Einheit der Natur, die reale Möglichkeit der Reduzierung der Welt, die Fähigkeit zur Öffnung der Formel ... Der Mythos Einstein erfüllt die widersprüchlichsten Träume, verbindet die unendliche Macht des Menschen über die Natur mit dem ›Verhängnis‹, ein Heiliger zu sein ...« Sind die Werke Cézannes also wirklich Produkte einer »kranken Netzhaut«, wie Huysmans 1889 überspitzt formulierte (vgl. Seite 68)? Ist der Maler in seiner Art, die Welt auf eine derart verzerrte Weise zu sehen, wirklich verrückt?

◪ Einstein in einer Karikatur von Ippei Okamoto, New York, American Institute of Physics. Der Wissenschaftshistoriker Herald Holton berichtete, Einstein habe oft betont, daß er sich über Raum und Zeit jene Fragen gestellt habe, »die nur Kinder sich stellen (und deren Antwort nur Kinder wissen wollen).«

◧ Einstein in Zürich, Fotografie von 1912, Zürich, Bibliothek der Eidgenössischen Technischen Hochschule. Die Musik spielte eine bedeutende Rolle im Leben des Wissenschaftlers, eine Leidenschaft, die er von seiner Mutter geerbt hatte. Er spielte Violine und liebte die Kammermusik, häufig spielte er mit Musikern zusammen, die er auf seinen Reisen kennenlernte.

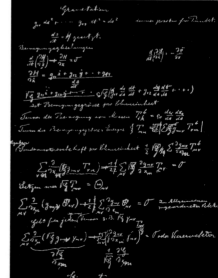

c^2,

⊼ Formel-Autograph Einsteins – die Quintessenz der Relativitätstheorie. Die Gleichung E = mc^2, Einsteins berühmteste Formel, beschreibt die Äquivalenz von Masse und Energie: Wenn ein Körper Energie aufnimmt, nimmt seine Masse zu, und umgekehrt nimmt seine Masse ab, wenn er Energie abgibt.

⊻ Verschiedene Gleichungen Einsteins zur Relativitätstheorie, Boston University, Princeton University Press. »Eine Sache habe ich gelernt ..., daß unsere ganze Wissenschaft, verglichen mit der Realität, primitiv und infantil ist ..., und dennoch ist sie das Wertvollste, was wir besitzen.«

⊼ Rede Einsteins vor den Kameras der N.B.C. gegen den Einsatz der Wasserstoffbombe, Fotografie, Berlin, Bildarchiv Preußischer Kulturbesitz.

⊵ Graphische Darstellung eines Schwarzes Lochs, Manchu, Ciel et Espace. Ein Schwarzes Loch ist eine enorme Konzentration von Masse im Weltall.

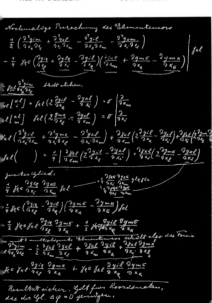

Ambroise Vollard

Dieses Porträt aus dem Jahr 1899 hängt heute im Musée du Petit Palais in Paris. Vollard befindet sich in einem Spiel von sich kreuzenden Linien, die vom Hintergrund und den Linien des Gesichts geformt werden.

> Cézanne, *Ambroise Vollard,* Cambridge, Massachusetts, The Fogg Art Museum. Bevor Cézanne mit dem eigentlichen Bild des Kunsthändlers begann, skizzierte er den Freund mehrere Male. Nach Aussage von Vollard selbst war dies die erste Zeichnung für das spätere Bildnis in Öl.

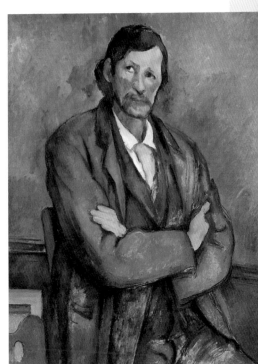

◣ Maurice Denis notierte in seinem Tagebuch, daß das Bildnis den Eindruck eines Entwurfs hinterlasse, obwohl Vollard zu zahlreichen Sitzungen kommen mußte und Cézanne, vor allem im Bereich des Gesichts, häufig nachbesserte.

> Cézanne, *Mann mit verschränkten Armen,* um 1899, New York, The Solomon R. Guggenheim Museum. Im allgemeinen war Cézanne nicht daran interessiert, soziale Zugehörigkeit, Launen und Gefühle der Menschen wiederzugeben. In einigen Porträts verleiht der Blick den Modellen Individualität.

123

Die Fauves

Beim Herbstsalon 1905 stellt sich eine Künstlergruppe vor, die die Kritik als »Fauves«, als »wilde Tiere« bezeichnet: »Dem Publikum wurde eine Tube Farbe ins Gesicht geschleudert.« Es handelt sich um eine Gruppe durchaus unterschiedlicher Künstler, die auf die Aufbruchsstimmung des beginnenden 20. Jahrhunderts reagieren. Die Fauves verbindet nichts als ihr Verhältnis zur Farbe, die für sie viel bestimmender ist als Einzelheiten, Schatten oder Modulationen. »Die Wahl der Farben«, sagt Matisse, »beruht nicht auf irgendeiner wissenschaftlichen Theorie. Sie basiert auf der Erfahrung meiner Sensibilität.« Diese Überlegung steht im Gegensatz zu den zeitgleichen Experimenten der Kubisten, die sich als organisierte Bewegung mit Regeln und klar definierten Zielen verstehen. Bei den Fauves finden sich außergewöhnliche Persönlichkeiten: von der Sonnentrunkenheit eines Matisse bis zur klassischen Würde eines Derain, von der Dramatik eines de Vlaminck bis zum Intimismus eines Vallotton. Die primitive Kunst sowie die Skulpturen Afrikas und des 1905 »entdeckten« Ozeaniens sind für sie – zusammen mit der Kunst Gauguins und van Goghs – die wichtigsten Inspirationsquellen.

⬈ Henri Matisse, *Interieur, Nizza*, 1920, Saint-Tropez, Le Musée de L'Annonciade. Die Szene wirkt unmittelbar und spontan, so als hätten die beiden Frauen ihr Gespräch unterbrochen, um sich im klaren Licht des Südens verewigen zu lassen. Die dekorativen Details der Tapete im Hintergrund und die Blumen auf dem Tisch geben die familiäre Atmosphäre des Hauses wieder.

◄ Henri Matisse, *Korsische Landschaft*, 1898, Saint-Tropez, Le Musée de L'Annonciade. Schon in diesen noch vom Impressionismus geprägten Jahren erkannte Matisse, daß es die Farbe ist, die das Bild schafft; sie selbst ist Ziel und Zweck und nicht nur ein Mittel, sich der »Wahrheit« der natürlichen Atmosphäre und des Lichts anzunähern.

◄ Félix Vallotton, *Misia am Schreibtisch,* um 1897, Saint-Tropez, Le Musée de L' Annonciade.

▼ Maurice de Vlaminck, *Stilleben,* 1907, Saint-Tropez, Le Musée de L' Annonciade. Der Autodidakt de Vlaminck malte Landschaften und Stilleben mit einer ungehemmten Vitalität, radikaler als jeder andere in der Gruppe.

▲ Maurice de Vlaminck, *Die Brücke von Chatou,* 1906, Saint-Tropez, Le Musée de L' Annonciade. Unfähig, sich Neuem zu nähern und Kritik an der eigenen Gefühlswelt anzunehmen, konnte de Vlaminck in späteren Jahren nicht mehr an die Erfolge seiner Fauvistenzeit anknüpfen.

► André Derain, *Themsebrücke (St. Paul's und die Waterloo-Bridge),* 1906, Saint-Tropez, Le Musée de L' Annonciade. Auch für Derain waren 1906 und 1907 in künstlerischer Hinsicht besonders schöpferische Jahre. Die Ansichten von London zählen zu Derain's schönsten Bildern.

Die großen Badenden

Das Bild von 1906 (heute im Philadelphia Museum of Art) zeigt eine Gruppe badender Frauen unter Bäumen. Cézanne widmete diesem Motiv in seinen letzten Jahren etwa dreißig Entwürfe sowie zahlreiche Zeichnungen und Aquarelle.

◀ Im Unterschied zu anderen Bildern gleicher Thematik zeigt dieses Gemälde mehr von der umgebenden Landschaft und öffnet sich auf einen weiten Horizont. Hier scheint der Himmel den Figuren den notwendigen Atem zu geben, um sich frei zu bewegen. Die Farben sind Ocker, Weiß, Violett, Grün und – auf den Gesichtern der Mädchen – ein Hauch von Zinnoberrot.

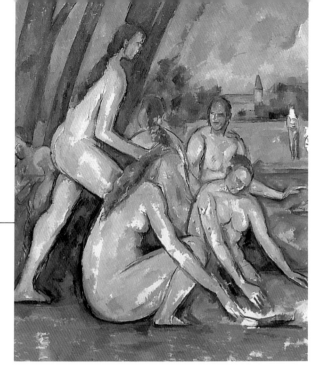

◣ Die Grundstruktur dieser monumentalen Komposition basiert auf einem gleichschenkligen Dreieck, in das Cézanne die verschiedenen Figurengruppen einbettet. Jede ist aus einem anderen Blickwinkel gesehen. Die Grundform des Dreiecks wiederholt sich in den Linien, die die Gliedmaße der Figuren mit den Ästen formen.

◲ Pablo Picasso, *Les Demoiselles d'Avignon*, 1907, New York, The Museum of Modern Art. Die Bildebenen verschieben sich, die Bildgegenstände werden aus unterschiedlichen Blickpunkten betrachtet. Picasso übersetzte Cézannes Vorgaben in eine radikal neue Bildsprache.

◣ Die bewußt überlängten Frauenkörper erinnern an die Maler des Manierismus, etwa an El Greco. Die großen transparenten Farbflächen und die weiß belassenen Zonen reinen Lichts verleihen der Komposition den Charakter des Überzeitlichen.

Die letzte Muse –
Die Sainte-Victoire

Im Alter zieht sich Cézanne immer mehr in die Abgeschiedenheit zurück, obwohl er nach dem Tod seines Vaters mit dem geerbten Vermögen reisen und in Wohlstand leben könnte. Er führt jedoch weiterhin ein ruhiges, einfaches Leben, immer auf der Suche nach Motiven in der Umgebung von Aix, die ihn nach wie vor fasziniert. Eines seiner Lieblingsthemen ist das wenige Kilometer östlich gelegene Gebirgsmassiv Sainte-Victoire, das er in der Vergangenheit schon oft gemalt hat, wenn auch realistischer. Im Spätwerk sind seine Ansichten der Sainte-Victoire trotz des immer noch erkennbaren Profils des Berges verfeinerter, abstrakter, entrückt. Die »Muse Sainte-Victoire« begleitet ihn bis zum Schluß, als er am 15. Oktober 1906 während eines Unwetters beim Malen einen Schwächeanfall erleidet. Er stirbt einige Tage später am 23. Oktober an einer Lungenentzündung.

Eine Ansicht der Sainte-Victoire im Nordosten von Aix. Sie ist von verschiedenen Punkten aus sichtbar, aber auf der Straße nach Thonolet, die Cézanne oft nahm, kommt man ihr am nächsten. Auf diesem Weg befand sich auch das Château Noir, mit dessen Kauf Cézanne eine Zeitlang geliebäugelt hatte.

Maurice Denis, *Besuch bei Cézanne*, 1904, Privatsammlung. Diese kleine Ölskizze erinnert an den Besuch, den Denis zusammen mit seinem Freund Ker Xavier Roussel dem verehrten Cézanne im Januar 1906 abstattete.

Cézanne, *Das Gebirgsmassiv Sainte-Victoire von Les Lauves aus gesehen*, Privatsammlung. Cézannes einziges Aquarell des Berges im Hochformat.

▲ Cézanne, *Das Gebirgsmassiv Sainte-Victoire und Château Noir*, 1904–06, Tokio, The Bridgestone Museum of Art. Um den Berg herum ist ein Wirbel von Farben zu sehen, in dem Wolken und Bäume ineinander übergehen, während sich das Gebäude deutlich im Licht abhebt.

▶ Cézanne, *Das Gebirgsmassiv Sainte-Victoire von der Straße nach Thonolet aus gesehen*, um 1900, St. Petersburg, Eremitage. Auf seiner fortwährenden Suche nach einer gültigen formalen Lösung scheint Cézanne Himmel und Erde miteinander versöhnen zu wollen.

Die große Gedenkausstellung 1907

Anläßlich des Herbstsalons 1907 wird eine große Retrospektive mit 56 Werken Cézannes veranstaltet. Pablo Picasso, Henri Matisse, der Dichter Guillaume Apollinaire und Georges Braque kommen in das Grand Palais. Der italienische Maler Ardegno Soffici schreibt darüber einen Essay, der später in Italien publiziert wird. Emile Bernard veröffentlicht im »Mercure de France« zwei Gedenkaufsätze über Cézanne. Die Schriftsteller sind fasziniert: Gertrude Stein, die eine große Cézanne-Sammlung besitzt, berichtet, daß Cézannes Bild *Hortense Fiquet im roten Sessel* (Seite 64–65) sie zu ihren Erzählungen *Drei Leben* inspiriert habe. 1915 schreibt Bernard im »Mercure de France«: »Er ist der definitive Typ des Unabhängigen, des Suchers nach dem Absoluten. Er wurde nicht verstanden, weil er Gefallen daran fand, unverstanden zu bleiben.« Und Rainer Maria Rilke vermerkt in einem Brief an seine Frau: »Da ist alle Wirklichkeit auf seiner Seite: bei diesem dichten wattierten Blau, das er hat, bei seinem Rot und seinem schattenlosen Grün und dem rötlichen Schwarz seiner Weinflaschen.«

◩ Rainer Maria Rilke begeisterte sich für die bildende Kunst seiner Zeit. Seine Frau, die Bildhauerin Clara Westhoff, lernte er in Worpswede kennen. In einem seiner außergewöhnlichen Briefe an sie schreibt er über Cézanne: »Aber innerhalb meines Lebens ist diese unerwartete Berührung, so wie sie kam und sich Platz schaffte, voller Bestätigung und Bezug.«

◩ André Derain, *Bildnis Madame Kahnweiler*, 1913, Paris, Musée National d'Art Moderne, Centre Georges Pompidou. Nach seinen Erfahrungen mit Fauvismus und Kubismus wandte sich Derain ab etwa 1913 einem neuen »Klassizismus« zu.

◧ Pablo Picasso, *Straße im Wald*, 1908, Mailand, Civico Museo d'Arte Contemporanea. In seiner Anfangszeit stand Picasso noch stark unter dem Einfluß Cézannes; er las die zahlreichen Briefe des Künstlers an seinen Sohn und an Emile Bernard, in denen Cézanne seinen Bildbegriff und sein Ringen um neue formale Lösungen erläuterte.

▷ Pablo Picasso, *Haus im Garten*, 1909, Moskau, Puschkin-Museum. In diesem Bild, das den Raumzersplitterungen Cézannes sehr nahesteht, folgen geometrische Formen geringer Plastizität aufeinander, ohne irgendeine Illusion von Tiefe zu geben, ja ohne sie überhaupt geben zu wollen. Es wird einfach die eine Form neben eine andere gestellt.

▽ André Derain, *Bäume*, um 1912, Moskau, Puschkin-Museum. Derain wurde von Apollinaire als einer der Begründer der kubistischen Ästhetik bezeichnet. Nachdem er sich zunächst für die Farbauffassung der Fauves begeistert hatte, wandte er sich dann einer Reduktion im Formalen zu, die wohl seinem Interesse für die primitive Kunst entsprang.

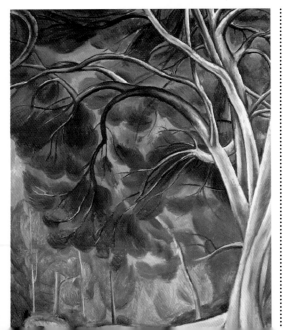

Der Kubismus

Die Cézanne-Retrospektive von 1907 ist vor allem für Pablo Picasso, Georges Braque und Fernand Léger von großer Bedeutung. »Ich frage mich oft, wo die aktuelle Malerei ohne Cézanne stünde. Ich habe mich lange Zeit mit seinem Werk auseinandergesetzt«, schreibt Léger. Tatsächlich ist Cézannes Versuch, Raum durch Volumen zu schaffen, grundlegend für die kubistischen Künstler. Den Ausdruck »Kubismus« prägt der Kritiker Louis Vauxcelles, als er in seiner Rezension einer Braque-Ausstellung von der Tendenz des Künstlers spricht, alles auf Würfel *(cubes)* zu reduzieren.

131

Hinweis

Das Verzeichnis enthält die in
diesem Buch abgebildeten Werke
von Cézanne, geordnet nach den
Orten, an denen sie sich heute
befinden und in alphabetischer
Reihenfolge.

Werke in Privatsammlungen sind
nicht verzeichnet.

☑ Der Pont de la Cible über die Arc nahe Aix-en-Provence auf einer zeitgenössischen Postkarte.

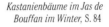

Aix-en-Provence — Le Pont de la Cible sur l'Arc

Collection C. M.

Fort Worth, Texas, Kimbell Art Museum
Bauer mit blauer Jacke, S. 112

Kansas City, The Nelson-Atkins Museum of Art
Das Gebirgsmassiv Sainte-Victoire von Les Lauves aus gesehen, S. 108–109

London, Courtauld Institute Galleries
Stilleben mit Putto, S. 111

London, National Gallery
Alte Frau mit Rosenkranz, S. 39

London, Tate Gallery
Allee im Jas de Bouffan, S. 134–135

Los Angeles, Hammer Museum of Art and Cultural Center
Ruhender Jüngling (Der Sohn von Cézanne), S. 83

Malibu, The J. Paul Getty Museum
Stilleben mit blauem Milchtopf, S. 71

Mannheim, Städtische Kunsthalle
Raucher mit aufgestütztem Arm, S. 112

Minneapolis, The Minneapolis Institute of Art

Kastanienbäume im Jas de Bouffan im Winter, S. 84

Moskau, Puschkin-Museum
Interieur mit zwei Frauen und Kind, S. 10–11
Kastanienbäume und Landgut Jas de Bouffan, S. 84–85
Pierrot und Harlekin, S. 89

New York, The Brooklyn Museum
Gardanne, S. 83

New York, Metropolitan Museum of Art
Badende, S. 40–41
Die Kartenspieler, S. 113
Madame Cézanne im Gewächshaus, S. 43
Madame Cézanne im roten Kleid, S. 115

◄ Cézanne, *Das Bassin im Jas de Bouffan*, 1878, Privatsammlung.

135

 Le Tholonet in der Umgebung von Aix-en-Provence, zeitgenössische Postkarte.

St. Petersburg, Eremitage
Das Gebirgsmassiv Sainte-Victoire
  von der Straße nach Thonolet
  aus gesehen, S. 129
Mädchen am Klavier, S. 34–35
Dame in Blau, S. 132–133

São Paolo, Museu de Arte
Felsen bei L'Estaque, S. 136
Die große Kiefer, S. 137
Der Neger Scipio, S. 23
Paul Alexis trägt
  Emile Zola vor, S. 86

Stockholm, Nationalmuseum
Stilleben mit Putto, S. 110–111

**Tokio, The Bridgestone
Museum of Art**
Das Gebirgsmassiv Sainte-Victoire
und Château Noir, S. 129

**Wien, Graphische Sammlung
Albertina**
Studienblatt mit Porträtskizzen
seines Sohnes, S. 42

**Washington, National
Gallery of Art**
Bildnis
  Louis-Auguste Cézanne, S. 16–17
Harlekin, S. 88–89

**Washington, Phillips
Collection**
Selbstbildnis, S. 107

**Zürich, Fondation Rau pour
le Tiers-Monde**
Das Meer bei L'Estaque, S. 66–67

Zürich, Kunsthaus
Medea (nach Delacroix), S. 22–23
Das Schloß von Médan, S. 18–19
Das Schloß von Médan, S. 69

Cézanne, *Die große Kiefer*, um 1899, São Paulo, Museu d'Arte.

137

▶ Paul Gauguin, *Reiter am Strand*, 1902, Essen, Museum Folkwang.

Hinweis

Die hier aufgeführten Persönlichkeiten – Künstler, Gelehrte, Politiker und Geschäftsleute – standen auf die eine oder andere Weise mit Cézanne oder seinem Werk in Verbindung. Hinzu kommen zeitgenössische Maler, Bildhauer und Architekten, die an denselben Orten wie Cézanne wirkten.

Alexis, Paul (Aix-en-Provence 1847–Trier 1901), französischer Schriftsteller, Schüler und Sekretär Zolas. S. 19, 86

Apollinaire, Guillaume (Rom 1880–Paris 1918), französischer Dichter, Publizist und Kritiker. Stets im Mittelpunkt der Diskussionen über die künstlerische Avantgarde des 20. Jahrhunderts, gehörte er zu den ersten, die die Fauves unterstützten. S. 130, 131

Bernard, Emile (Lille 1868 bis Paris 1941), französischer Maler und Schriftsteller. Ein scharfsinniger Kunstkenner, der als einer der ersten seiner Zeit die herausragende Bedeutung der Kunst van Goghs und Cézannes erkannte; letzterem widmete er 1912 eine Gedenkschrift. Im Gegensatz zum »Realismus« der Impressionisten war er ein Anhänger symbolistischer Theorien und wurde zum Wortführer dieser Bewegung. Nach 1905 wandte er sich einer akademischen und eklektischen Malweise zu. S. 90, 91, 130

Braque, Georges (Argenteuil 1882–Paris 1963), französischer Maler; einer der bedeutendsten Vertreter des Kubismus. S. 54, 130, 131

Cézanne, Louis-Auguste (Aix-en-Provence 1798–1888), Cézannes Vater. S. 8, 16–17, 82

Cézanne, Marie, Schwester von Cézanne, Lieblingskind des Vaters. S. 8, 82

Cézanne, Paul, Sohn Cézannes aus der Verbindung mit Hortense Fiquet. S. 42, 43, 50, 82, 83, 89

Constable, John (East Bergholt/Suffolk 1776–London 1837), englischer Maler. In erster Linie Landschaftsmaler, schulte er sich an den Klassikern wie Lorrain, Poussin und Dughet. Er malte zumeist nach der Natur, wobei er von der Skizze über den Entwurf zum endgültigen Werk kam. Einige seiner im Pariser Salon von 1824 ausgestellten Bilder hatten großen Erfolg und beeinflußten unter anderem Delacroix. S. 48

Daumier, Honoré (Marseille 1808–Valmondois 1879), französischer Graphiker, Maler und Bildhauer. Er arbeitete zunächst mit dem Medium Lithographie und publizierte unzählige Karikaturen. Seine bissigen Zeichnungen, prägnant und treffend, brachten ihm über einige Jahre viel Ärger mit der Zensur ein. Nach 1860 wandte er sich verstärkt der Malerei zu. Seine Hauptthemen waren politische und Gesellschaftssatire sowie die Kritik sozialer Mißstände. Hierfür setzte er dichte und samtige Farben ein, in der die gedämpften Töne überwogen. S. 36, 37, 98

Degas, Edgar (Paris 1834–1917), französischer Maler. Der Sohn eines Bankiers begann sich aus dem bürgerlichen Milieu zu lösen, als er Manet und die Impressionisten

◀ Edgar Degas, *Büglerinnen*, 1884–86, Paris, Musée d'Orsay.

> Jean Auguste Dominique Ingres, *Laure Zoëga*, 1813, Paris, Musée du Louvre.

kennenlernte. Er beteiligte sich an der ersten Gruppenausstellung 1874, behielt aber immer seine Individualität: Er wollte nicht »in die Natur eintauchen« und zog das Studium von Frauengestalten und des städtischen Lebens vor. So hinterließ er zahlreiche Bilder von Ballerinen – allesamt reine Bewegungsstudien. S. 48, 58, 62, 67, 74, 75, 106, 118, 138

Delacroix, Eugène (Charenton/Saint-Maurice 1798–Paris 1863), französischer Maler. Der dynamische Schwung seiner Kompositionen weist ihn als Romantiker aus. Während einer langen Reise durch Marokko und Algerien konnte er seine Lichtstudien vertiefen. S. 22, 23, 61, 69, 108

Derain, André (Chatou 1880 bis Garches 1951), französischer Maler. Gehörte zunächst der Fauvisten-Bewegung an und wandte sich dann einem realistischeren Malstil zu. S. 124, 125, 130, 131

> Paul Klee, *Im Steinbruch*, 1913, Bern, Kunstmuseum Bern, Paul-Klee-Stiftung.

Durand-Ruel, Paul (Paris 1831 bis 1922), französischer Kunsthändler und Galerist. Er führte ab 1870 einen leidenschaftlichen Kampf für die impressionistischen Maler und unterstützte sie mit Hilfe seiner berühmten Galerie. S. 48

Emperaire, Achille, französischer Maler, Cézanne porträtierte ihn mehrmals. S. 17, 28–29

Fiquet, Hortense, Geliebte und spätere Ehefrau von Paul Cézanne. S. 42, 43, 48, 50, 54, 64, 65, 82, 115, 130

Gachet, Paul Fernand, Arzt, Kunstliebhaber, Freund von Pissarro und Cézanne. S. 50

Gauguin, Paul (Paris 1848–Marquesas-Inseln 1903), französischer Maler. Sein Stil beeinflußte die Nabis; seine ausdrucksstarken Farben wirkten sich vor allem auf den deutschen Expressionismus aus. S. 73, 90, 91, 106, 124, 138

Gogh, Vincent van (Groot Zundert 1853–Auvers-sur-Oise 1890),

holländischer Maler. In Paris entdeckte er den Impressionismus und den Pointillismus, studierte die japanischen Holzschnitte und lernte Gauguin kennen. Seine Malerei, reine Energie in Pinselstrich und Farbe, beschreibt »die grausamsten Leidenschaften des Menschen«. Sein Leben war voller Qual, er litt an Depressionen und tötete sich schließlich selbst. Seine Bilder waren wegweisend für nachfolgende Künstlergenerationen. S. 50, 90, 106, 107, 124, 143

Granet, François-Marius (Aix-en-Provence 1775–Malvallat 1849), französischer Maler, Schüler Jacques-Louis Davids und Freund von Ingres. Nach einer ersten klassizistischen Phase wandte er sich geschichtlichen und mittelalterlichen Themen zu. Er war vor allem ein hervorragender Landschaftsmaler, der Ansichten

◄ Edouard Manet,
*Stilleben mit Wasser-
melone und Pfirsichen,*
um 1866, Washington,
National Gallery of Art.

mit Ruinen, Kirchenräumen und verlassenen Klöstern bevorzugte. S. 9, 14

Huysmans, Joris-Karl (Paris 1848–1907), französischer Kritiker und Schriftsteller, Autor des Romans *Gegen den Strich (A rebours)*, der zu den Hauptwerken der französischen Dekadenzliteratur zählt. Einer der wenigen, die Cézannes Kunst vor 1896 – wenn auch mit Einschränkungen – schätzten. S. 68, 69, 73, 78

Ingres, Jean Auguste Dominique (Montauban 1780 bis Paris 1867), französischer Maler. Ein Jahrhundert lang galt er als die Symbolfigur des Klassizismus schlechthin, der die Gegenposition zur Romantik eines Delacroix vertrat. Neuere Forschungen heben auch seine Neuerungen in kompositorischer Hinsicht hervor. S. 9, 15, 139

Klee, Paul (Münchenbuchsee 1879–Muralto 1940), Schweizer Maler. Ein Künstler mit vielfältiger Ausbildung und außergewöhnlichem Interesse für Musik und

Literatur. 1908 sah er in Paris Werke van Goghs und Cézannes, des »Meisters par excellence«. Aus dieser Erfahrung heraus und aufgrund seiner aktiven Auseinandersetzung mit den wichtigsten Kunstrichtungen des 20. Jahrhunderts fand er zu einem wechselseitig sich befruchtenden Verhältnis zwischen Theorie und Praxis. Mit Hilfe einer immer wieder verwandelten Formensprache schuf er die Natur gewissermaßen neu. S. 55, 139

Léger, Fernand (Argentan 1881–Gif-sur-Yvette 1955), französischer Maler, Anhänger des Neo-Impressionismus und der Kunst Cézannes. Er näherte sich dem Fauvismus und tendierte zu einer radikalen Formzerlegung im kubistischen Sinne. Nach und nach strukturierte er seine Kompositionen mit mechanischen Elementen, die sein Interesse für die Industriegesellschaft und die Arbeitswelt zum Ausdruck brachten. S. 131

Lumière, Auguste (Besançon 1862–Lyon 1954) und sein Bruder Louis Jean (Besançon 1864–Bandol 1948), Erfinder des Kinematographen. Sie erhielten 1895 ein Patent und organisierten noch im gleichen Jahr die ersten Filmvorführungen. Auch in anderen Ländern wurde ihre Erfindung gezeigt. S. 116, 117

Manet, Edouard (Paris 1832 bis 1883), französischer Maler, führende Persönlichkeit der Impressionisten. Er wurde von den »offiziellen« Malern bekämpft – man warf ihm nicht nur vor, unschickliche Themen darzustellen, son-

▶ Henri Matisse, *Interieur in Collioure*, 1905, Zürich, Privatsammlung.

◄ Berthe Morisot,
Der Hafen von Lorient,
1869, Washington,
National Gallery of Art.

dern auch, daß er gegen alle geltenden akademischen Regeln hinsichtlich der Volumina, der Perspektive, der Halbtöne und auch gegen die Gesetze des Helldunkels verstoße. S. 19, 20, 26, 27, 33, 48, 52, 53, 58, 63, 75, 118, 140

Matisse, Henri (Le Cateau 1869–Cimiez 1954), französischer Maler und Plastiker. Er studierte zunächst die Werke von Künstlern wie Vermeer, Fragonard und Corot und verarbeitete in der Folge die impressionistische Lehre von den Farben als Mittel zur Darstellung von Atmosphäre. Damit ging er Cézannes Konflikt zwischen Form und Inhalt aus dem Weg und fand schließlich zur reinen Farbe, dekorativ, unproblematisch, aber unmittelbar ansprechend. Er war einer der wichtigsten Vertreter der Fauves auf der Ausstellung von 1905; in seinem Spätwerk wandte er sich zunehmend der Abstraktion zu. S. 101, 106, 124, 130, 140

Monet, Claude (Paris 1840 bis Giverny 1926), französischer Maler. Er gehörte von Anfang an zu den Impressionisten; sein 1872 gemaltes Bild *Impression: Sonnenaufgang* gab der neuen Stilrichtung ihren Namen. Die Gesetze der Komplementärfarben und des Verhältnisses von Licht und Farbe leiteten ihn, und wurden durch unendliche Variationen des gleichen Themas von ihm vertieft.

In der Theorie vertrat er die Überzeugung, daß der Künstler von seinem Sujet überzeugt sein und die Unterscheidung zwischen Sinneseindruck und Intellekt hinter sich lassen müsse. S. 23, 38, 48, 49, 58, 59, 62, 66, 98

Moore, Henry (Castleford/Yorkshire 1898–Much Hadham/Hertfordshire 1986), englischer Bildhauer. In einem kontinuierlichen Entwicklungsprozeß studierte er die Formen der Natur, aber auch die archaische und die klassische Epoche der griechischen Plastik sowie die Skulpturen der Renaissance. Er gelangte zu einer Synthese der Komplementarität zwischen Raum und Materie, in der die Höhlungen den gleichen Wert haben wie die plastischen Massen. S. 56, 57, 141

Morisot, Berthe (Bourges 1841 bis Paris 1895), französische Malerin, Schülerin Corots und Schwägerin von Manet. Sie nahm von 1875

bis 1886 an fast allen Impressionistenausstellungen teil. S. 58, 141

Nadar, eigentlich Gaspard-Félix Tournachon (Paris 1820–Marseille 1910), französischer Fotograf. Er war zunächst Karikaturist, wandte sich dann aber der Fotografie zu. In der Folge wurde er zum bevorzugten Porträtfotografen der Pariser Intellektuellen und machte zahlreiche Fotoreportagen, darunter eine aus einem Fesselballon. 1874 fand in seinem Atelier am Boulevard des Capucines die erste Impressionistenausstellung statt. S. 32, 33, 36, 38, 58, 75

Picasso, Pablo (Malaga 1881–Mougins 1973), Spanischer Maler und Bildhauer. Nach verschiedenen künstlerischen Experimenten (»blaue« und »rosa« Periode), dem Studium Cézannes und der afrikanischen Kunst malte er *Les Demoiselles d'Avignon*, ein Bild, das als Ursprung des Kubismus gilt. Darüber hinaus verfolgte er die künstlerischen Tendenzen seiner Zeit, vom Klassizismus der zwanziger Jahre bis hin zum Surrealismus der dreißiger. Er schuf zahlreiche Skulpturen aus Bronze, aber auch aus alltäglichen Fundgegenständen. In seinen letzten Lebensjahren widmete er sich der Keramik und der Druckgraphik. S. 65, 70, 97, 103, 106, 107, 127, 130, 131, 142

▶ Henry Moore,
Familie, 1948–49, Hertfordshire, The Henry Moore Foundation.

■ Pablo Picasso,
Der Kuß, 1925, Paris,
Musée Picasso.

Pissarro, Camille (Saint-Thomas/Jungferninseln 1830−Paris 1903), französischer Maler mit entscheidendem Einfluß auf die Impressionisten. Er forderte sie auf, die Asphaltgrundierung, das Schwarz und das Ocker von ihren Leinwänden zu verbannen und »sur le motif« zu arbeiten. Für Cézanne war Pissarro ein väterlicher Förderer und Freund. Er nahm an allen Impressionistenausstellungen teil und förderte junge Künstler wie Gauguin, Seu-

rat und Signac. S. 22, 23, 30, 47, 48, 49, 50, 51, 58, 62, 68, 70, 78, 106, 109

Redon, Odilon (Bordeaux 1840−Paris 1916), französischer Maler, Lithograph und Bildhauer. Er vertrat eine Strömung, die sich in vielerlei Hinsicht als Antithese zum Impressionismus verstand. Bis 1890 lehnte er den Gebrauch der Farbe rigoros ab. Seine Zeichnungen und Lithographien gerieten zu einem Mittel zur Erforschung einer inneren Traumwelt, seine Ikonographie basierte auf dem Grotesken und Phantastischen. S. 78

Renoir, Auguste (Limoges 1841−Cagnes-sur-Mer 1919), französischer Maler des Impressionismus. Ausgehend vom Realismus Courbets entwickelte er seine Darstellungen des alltäglichen Lebens. Sein besonderes Interesse galt den Lichteffekten. S. 48, 58, 61, 66, 92, 93, 99, 106, 108, 143

Seurat, Georges (Paris 1859 bis 1891), französischer Maler, Vertreter des Pointillismus. Sein Bild *Ein Sonntagnachmittag auf der Insel Grande Jatte* gilt als Paradebeispiel dieser Stilrichtung. S. 78, 79

Signac, Paul (Paris 1863 bis 1935), französischer Maler. Er entwickelte zusammen mit Seurat den Pointillismus, dessen wichtigste Prinzipien er 1899 in seiner Schrift *D'Eugène Delacroix au néo-impressionisme (Von Eugène Delacroix bis zum Neo-Impressionismus)* beschrieb. S. 78, 79, 142

Sisley, Alfred (Paris 1839 bis Moret-sur-Loing 1899), französischer Maler. Seit 1874 nahm er an den Impressionistenausstellungen teil. Er sah Monet als seinen Meister an, stand aber auch unter dem Einfluß der Malerei von Constable und Turner. S. 58

Soffici, Ardengo (Rignano sull'Arno 1879−Forte dei Marmi 1964), italienischer Schriftsteller und Maler. Er war einer der ersten italienischen Intellektuellen in Paris (1900−1907), die an der künstlerischen Diskussion der Moderne teilnahmen. S. 130

➤ Paul Signac, *Bildnis Félix Fénéton von 1890*, Privatsammlung.

Toulouse-Lautrec, Henri de
(Albi 1864–Malromé/Bordeaux
1901), französischer Maler. Er ent-
stammte einem alten Grafenge-
schlecht und interessierte sich von
frühester Jugend an für Kunst,
begann aber erst selbst zu malen,
als er nach zwei folgenschweren
Stürzen vom Pferd verkrüppelt
blieb. Er bewunderte vor allem
Degas und Ingres, verkehrte aber
ebenso mit van Gogh, Bonnard und
Vallotton. Die flächige, plakative
Gestaltung seiner Bilder geht auf
das Studium japanischer Kunst
zurück. Der allgemeinen Tendenz
folgend, arbeitete er an einer
Überwindung des Impressionismus; seine persönliche Erfahrung
führte ihn zu einer Stilisierung
der Wirklichkeit durch graphische
Mittel. S. 63

Tanguy, Lucien, genannt Père,
Farben- und Kunsthändler. Er war
der erste, der Bilder Cézannes
zum Verkauf anbot. S. 106, 107

Turner, William (London
1775–1851), englischer Maler mit
akademischer Ausbildung. Er be-

gann mit Landschaftsskizzen nach
der Natur und lernte – auch dank
der Ästhetik des Erhabenen – sehr
schnell, die Realität hinter sich zu
lassen und auf ganz persönliche
Art und Weise die Effekte von Atmosphäre und Licht herauszuar-
beiten. S. 48

Vallotton, Félix (Lausanne
1865–Paris 1925), Schweizer Maler
und Graphiker. Er übersiedelte
1882 nach Paris und besuchte die
Académie Julian, wandte sich dann
den Nabis zu und beschäftigte sich
in erster Linie mit Holzschnitten.
In den letzten Lebensjahren kehr-
te er zur Malerei zurück und malte vorwiegend realistische Motive.
S. 124, 125

Vlaminck, Maurice de (Paris
1876–Rueil-la-Gadelière 1958),
französischer Maler, vielleicht der
radikalste unter den Fauves. Er
verwendete lebhafte und reine
Farben, die er direkt auf die Leinwand aufbrachte. Später gelangte
er zu einer Harmonisierung der
Komposition durch eine gedämpf-
tere Farbgebung. S. 124, 125.

Vollard, Ambroise (Denis-de-
Réunion 1867–Paris 1939), fran-

zösischer Galerist. Er richtete
zahlreiche wichtige Ausstellungen
junger Künstler aus; die Cézanne-
Ausstellung, die er 1895 veranstaltete, machte den Maler mit einem
Schlag berühmt. S. 8, 34, 65, 75, 86,
106, 107, 122–123

Zola, Emile (Paris 1840–1902),
französischer Schriftsteller.
Als Kunstkritiker verteidigte er
die Impressionisten. Bis zum Zer-
würfnis im Jahr 1886 war er ein
enger Freund Cézannes. Zu seinen
bekanntesten Romanen zählen
Die Schnapsbude und *Germinal*,
in denen er das elende Leben der
sozial Deklassierten beschreibt.
S. 15, 17, 18, 19, 22, 24, 66, 68, 82,
83, 86, 87, 102, 118

▶ Vincent van Gogh,
*Bauernhaus in der Pro-
vence*, 1888, Washington,
National Gallery of Art.

Umschlagvorderseite:
Paul Cézanne, *Stilleben mit Äpfeln und Orangen*, Ausschnitt, 1895–1900.
Paris, Musée d'Orsay.
Paul Cézanne, *Zwei Kartenspieler*, Ausschnitt, 1892–95. Paris, Musée d'Orsay.

Herausgeber der Reihe:
Stefano Peccatori und Stefano Zuffi

Text des vorliegenden Bandes:
Silvia Borghesi

Abbildungen:
Archivio Electa, Mailand
Archivio Scala, Antella (Florenz)
Alinari, Florenz
Wir bedanken uns bei den Museen und den Bildarchiven, die uns
freundlicherweise das Bildmaterial zur Verfügung gestellt haben.

Das Projekt wurde realisiert mit
La Biblioteca editrice s.r.l., Mailand

Die Deutsche Bibliothek - CIP-Einheitsaufnahme
Borghesi, Silvia:
Paul Cézanne / [Text des vorliegenden Bd.: Silvia Borghesi.
Aus dem Ital. übers. von Claudia Jost]. - Köln : DuMont, 1999
  (Berühmte Maler auf einen Blick)
  Einheitssacht.: Cézanne <dt.>
  ISBN 3-7701-4543-7

© 1998 der italienischen Originalausgabe: Leonardo Arte s.r.l., Mailand
Elemond Editori Associati
© 1998 by SIAE
© 1999 der deutschsprachigen Ausgabe: DuMont Buchverlag, Köln
Alle deutschsprachigen Rechte vorbehalten

Aus dem Italienischen übersetzt von Claudia Jost
Fachlektorat: Dr. Jürgen Schönwälder
Redaktion der deutschsprachigen Ausgabe: Werkstatt Gillhofer, München
Satz der deutschsprachigen Ausgabe: Viola Müller, Werkstatt Gillhofer
Umschlaggestaltung: Groothuis + Malsy, Bremen

Printed and bound in Italy
ISBN 3-7701-4543-7